「できんぼ」の大冒険

発達障がい・学習障がいの
勉強スイッチ

内科医・小説家
香川宜子

徳間書店

「できんぼ」の大冒険　目次

企画制作協力 ㈲美笑企画 安部千鶴子
装丁・本文デザイン 銀月堂
挿画 佐野蕗

プロローグ

ある日、橋のたもとで

あの日は、まだ肌寒くて母は羽織《はおり》を着ていた。季節は覚えていないが、母の着物姿と夕方の明るさから推測すると、春先か、深秋あたりのことだったか。

母は吉野川の橋詰めに白いパブリカを置くと、私を連れ橋元に立って吉野川の流れをしばらく見ていた。

生きていくのに仕事しかできない父に比べ、母は銀行借り入れの際の工面《くめん》や金利交渉から土地の裁判事まで一人でこなしていく気丈《きじょう》で利口《りこう》な女性であった。昔の高級料亭八千代の養女として育てられたせいか、着物が粋《いき》で普段からアニメ『サザエさん』のお母さん、磯野フネさんのように着物に割烹着姿《かっぽうぎ》で毎日専業主婦をこなしていた。

私はというと、色白のおチビさんだが、毎日スキップをしながら学校に通うようなエネルギー満タンの子どもであった。

そんな母は何を思ってか、学校の帰りに私を吉野川に連れて行ったのだ。

吉野川橋は河口近くだから川幅はやたらと広く、8歳の私にはまるで海のように思えた。流れは感じられないほど穏やかだった。夕刻だったので、家路を急ぐ車はそこそこあったが、まだライトをつけるほどの暗さでもなかった。人通りは少なかったが、幸せそうなトーンの高い笑い声が時々聞こえてきた。

母はしばらく川を見つめていたので、私もなんとなく声が掛けにくく黙って同じように欄干の間から川を眺《なが》めていた。川面にきらっと光ったり、跳ねたりする魚を見つけた私は、心なしかほっとしていたように思う。

すると、突然母が私の手をギュッと強く握った。そして、私の顔を上から覗き込みながら、

「よしこ、一緒にここから飛び降りよう」

と言い出した。

私は何を言っているのか、すぐに理解ができなかった。しかし、母は続けざまに、「一緒に死のう」と言う。その瞬間の川はなぜか荒れて渦《うず》を巻いているようにさえ思えて怖くなり、欄干から離れようとした。母の顔は険《けわ》しく、声も低かった。私の手を

引っ張ろうとするので、咄嗟《とっさ》に「嫌だ」と言って体を九の字にして、母の握った手から逃《のが》れようともがいたが、強い力で引き戻されて背中に手を回してきた。私は足をジタバタさせながら大声で「嫌だ」と泣き喚《わめ》いた。その時すでに数人が私たち親子を取り囲み、

「奥さん、あかん。死んだらあかん」

と大声で制止した。私は号泣しながら母に、

「頑張るけん！、死にとうない！」

とずっと言っていたようだった。

その直後、大きな男性の腕が私の脇に回り、母と私は離されるように引っ張られた。その日のことが原因だと咄嗟にわかった。母は急に我に返ったようで、周囲に取り囲まれていることに気が付いて、すごすごと私を連れて車に乗って帰ったことを未だにはっきりと覚えている。

その事件の日は参観日だった。参観日というと、母親はきちんとした和装で行っていた時代だった。大学卒の母親は少なくて、およそ中卒かよくて高卒の専業主婦であ

ったためか、学校の先生は絶対的な権力者のようだった。

父は海軍兵学校を出て将校になった途端に戦争が終わり、徳島医学専門学校（現・徳島大学医学部医学科）に入り直して耳鼻咽喉科の開業医をしていた。近隣の医師の御子息はみな徳島大学附属小学校を受験して合格していたが、私だけ不合格になったので、地区の小学校に通っていた。地区は町の商業地ではなく少し外れた木工地区で、職人さんの子どもがほとんどだった。彼らの父親は、仏壇の細工を掘り出していく専門の木工職人であったり、机や椅子など日常生活に必要な木工職人であったりする。朝早くから木を電気ノコギリで切っていく甲高い音が鳴り響くようなところであった。彼らの母親も薄汚れた軍手で汗を拭きながら板を運んでいる、小さな家内工業をしていたので、とても子どもたちの面倒を見ることができるといったふうではなかった。栄養もよくなかったのか、子どもたちは青鼻を垂らし、それを制服の袖《そで》で拭くためにテカテカと光っていた。耳鼻咽喉科を開業していた父は、青鼻を垂らすのはタンパク質が足りないからだ、と言っていたことを思い出す。

彼らは学校の帰り道にガマガエルを見つけては、つかんで女子を追っかけるのが楽しみのような暮らしをしていた。一人二人は地元の銀行員、あるいは母親が看護師の子どもが混じっていた。その子どもたちは、この地区の成績上位者だった。

一方、徳島の中心地および付属小学校の学童は医師や裕福な商業地区の子どもが多く、母親は専業主婦のため、みんな洗濯がきいている身ぎれいな子どもたちだった。誰一人、青鼻を垂らしている子はいなかった。

徳島の中心地区の子どもたちは10歳になれば、学校前の『英才塾』に通って、夜8時頃まで勉強をしていたようだった。しかし、職人地区は高学年になっても日が暮れるまで外で遊んでいるような学童ばかり。

そんな勉強をしない学童の40人学級で38番目が私の定位置だった。それでも私の通信簿は「1」ではなく、オール「2」であったのが不思議と言えば不思議だった。

今、偏差値38から東大に合格といった本が出回っているが、よく内容を知ると有名私立高校の偏差値だったり、東大模試の偏差値であったりしていることを隠している。あくまでその母集団における平均点数から割り出した偏差値であるにもかかわらず、未だにそのキャッチフレーズに引っかかってしまう人が後を絶たない。ただ、当時の私の偏差値は〝勉強をしない母集団〟の中で〝最低〟であったことは確かだった。

私はなんとか、死を免《まぬが》れたものの、あの時に「頑張るけん！」と口走ったのは怖いから言っただけで、本当に勉強を頑張るとは微塵《みじん》も思っていなかった。これはきっと私だけではなく、まだ8歳の子どもとはそんな程度のものだろう。勉強で頑張るとはどのくらいの時間をかけ、どのように勉強をしたらいいのかがわからなかったのである。要するに「勉強」とはあまりに茫洋《ぼうよう》とし過ぎている言葉であって、子ども一人がそれを理解するに至らないのである。逆に、勉強のことで叱られると、勉強＝叱られる、怖い、嫌なものと認識するだけなのだ。なので、ますます勉強から離れたくなる。

参観日の帰りはいつも先生に私と母だけ残されていた。その頃にはもうだいぶ日が傾き、西日となったちょっと薄暗い教室を思い出す。先生が職員室から教室へと再度いらっしゃる少しばかりの待ち時間、母親も私も黙って下を向いて座っていた。毎回のことだ。私はとても母の隣に座る勇気はなく、ひとつ机をまたいだ斜め後ろ、そう、母親から私は視覚に入らないような位置に座っていた。咳払いの一つさえせず、とにかく沈黙の時間は随分長かったように思えた。

先生の足音が聞こえてくると、にわかに顔をあげた。母はまだうつむいたままだ。がらりと教室の引き戸が開く音は、まるで死刑台に登ればこんな感じなのだろうかと思うほど恐ろしかった。逃げ出そうにも体が動かないのだ。

先生は母親に、「まず、机の中を見てください」から始める。机の中には、腐りかけたパンや飛び出したジャム、悪い点数のテストなどが数枚ぐじゃぐじゃに入っていた。母は顔をしかめながら、毎回のことだが困ったように片付けてくれた。先生は「他のお子さんの机の中を見なさい」と母と私に言う。どの子も机の中は何もないか、整頓されていた。母は「どうして我が子だけができないのか」と赤面しながら私に言った。

もちろん、悪い点のテストを持って帰るとこっぴどく叱られるから、持って帰れないのだけれど、そんなことさえ怖くて言えない。だから親子の間に余計な会話はなかった。何か言い出せば、「口答えをするな」と先生に叱られるか、母親の気分を余計に害してしまうことを子どもながらに悟っていたから。私は黙っているか、いかにも反省している様子を見せようと、泣きかけ半分な顔でいるしかなかったのだった。

どうせ、先生からは、テストを持って帰れるように、いい点数を取ればいいと小馬鹿にしたように言われるに決まっていることも想像がつく。私だって、悪い点数は取りたくないのだけれど、誰もどうしたらいいのか教えてくれず『勉強すればいい』というだけだった。予習復習をしなさいと言われても、それらの方法も具体的にわからない。私はうつむいて黙っていた。何か言えと言われたら、半泣きになりながら「ごめんなさい、今度は頑張ります」を毎回繰り返すばかりだった。

先生は通信簿を開いて、「天真爛漫」と書きこんでいる字を抑えながら、やや大きな声で母親に言う。

「てんしんらんまん。何のことだかわかりますか？　お母さん。おたくの子は馬鹿だと言ってるのですよ。医者は馬鹿でもなれるのですかっ」

挙句の果てに、父親のことも馬鹿にしたのであった。今なら大いに問題発言ではあっても、この頃は、それが全面的に許される時代だった。あの一言に母はその場では黙っていたが、校門から一歩外に出ると、急に泣き出して、私に何か恨み言を言ったが、聞き取れなかった。

私は母をいじめる先生がとても腹立たしかった。父を馬鹿にする先生がとても嫌いで仕方なかった。私が悪いという以前に、先生のものの言い方が絶対的に気に入らなかった。

昭和41年（1966年）くらいの話だ。

母はいつも父から、子どものできが悪いのはお前が悪いからだと責め立てられていた。母の弟はNHKのチーフプロデューサーだし、母の父親は普通にサラリーマンだったので、夫にそう言われる筋合いではなかったと思うが、この時の担任の先生の一言に心が音を立てて折れてしまい、冒頭の吉野川橋での母子無理心中未遂へと至ったのだろう。

◆第1章

「できんぼ」と呼ばれて

～学習障がい児の苦悩と奮闘

私がまだ小学校に入学する前の話。母は小学校に入るための学校説明会に出席した。

「文字や計算は学校でしっかりと教えますので、それまでは文字も計算も教えないでください」

母は先生がおっしゃったことを真《ま》に受けて、私に文字も数字も教えなかった。

だから、私は「まつもと　よしこ」という音だけしかわからなかった。

小学校に入学した初日、最初は保護者と子どもは一緒に教室の後ろに立っていた。

「自分の名前が机の左に貼ってあるから、それを見つけてそれぞれ自分の席に座ってください」

先生の号令とともに子どもたちは、親から離れてうろうろしながら、

「あ、あった！」「あった！」

と喜びの声を上げてひらがなで書かれた名前を見つけては、席に座っていった。しかし、ひらがなを知らない私は、みんなが座るまであっちにうろうろ、こっちにうろうろしながら、いつまでも座れずにいた。

声にあげてまでは泣かなかったが、半べそ状態だったことをはっきりと覚えている。結局は先生が席まで連れて行ってくれて座ることができた。母はその日のことを次のように思ったらしい。

『他のお母さんたちは、幼稚園の時から子どもにひらがなを教えていたのだ。私はわざわざ先生がそうおっしゃるから教えてはいけないのかと思っていたのに……。それは嘘だった。先生は初めからひらがなは知っていることが前提だったのだ。よしこにはかわいそうなことをしてしまった』と。

担任の先生はうなだれる母に、「松本さん、心配されなくても大丈夫ですよ。学校でお勉強すればすぐにできるようになりますからね」と言ってくれた。

しかし、そうした先生の慰《なぐさ》めは言葉だけに終わってしまう。私はほぼ丸一年遅れの早生まれで幼かった。そうしたこともあり、なかなか授業にはついていけなかった。

もちろん脳の発達は4月生まれの子に比べると未熟は当たり前なのだが、当時は、それだからもう少し待つ、という先生の意識や配慮が薄かった時代だったのかもしれない。

学校でもひらがなも数字もわからないという入学時のハンディはなかなか埋まらず、家庭でも学校任せであったため勉強を教えることもせず、私自身も勉強の仕方がわからない。そうした空白地帯に置き去りにされたまま、小学1年はあっという間に過ぎていった。

持ち上がりの小学2年の担任は、45歳くらいの小太りな女性で、髪はいつもきれいにパーマをかけていた。忘れ物の常習犯だった私に、先生はいつも辛《つら》く当たった。例えば、体操服を忘れたので、家に取りに帰らせてほしいという訴えもむなしく、白いシャツとパンツという下着だけで体育を受けさせられたこともあった。同級生の男子は指を差して笑ったりもして、天真爛漫だけがとりえだった私でも、かなり恥ずかしく思った。そうして、いけずな先生だと恨《うら》んだ。

母には、叱られまいと黙っていた。それでも喉元過ぎるのが早くて、嫌なことはすぐに忘れてしまう性格だったので、当然、忘れ物が減るわけではなかった。こんな嫌なことはもうこりごりだから次回からは肝に命じよう、なんてこれっぽっちも思わなかった。

ある日、教室でクラスメイトの男子たちがホームルームの前に、私に「やーい。アホ、アホ」とはやし立てたことがあった。私は半泣きになって、「アホ、ちがうもん」と反論したが止まらない。助けを求めるべく、教室に入ってきた担任に「先生、太田君たちが私のことをアホって言う」と訴えた。しかし、その時、先生はみんなの前で「できんぼだから仕方ないでしょ」と言ったのだった。先生は私の顔を見ずに、いつもと変わらない口調で顔色ひとつさえ変えずに言ってのけた。

「できんぼだからしょうがない」

さすがの私でもかなり打ちのめされる一言だった。私の活動的な時間はまるで地震の瞬間に止まってしまった時計のように壊れ、その時の光景から先生の横顔までつぶさに私の頭に刻《きざ》まれている。

その日から、私のあだ名は「できんぼ」になった。先生からお墨付きをもらった言葉だったのだ。だから、何か事あるたびに「できんぼ」と男子にはやし立てられ、私は真っ赤になってうつむいていた。だからといって、どの程度どのように勉強すれば、みんなに追いつくのかがやっぱりわからないから、恥ずかしさに耐えるしか、なす術《すべ》がなかった。先生の印象的な一言は、すべて写真のようにいつまでも残っているものだ。

そんな状況でも私が小学校に毎日通えたのは、数人の優しい世話焼きのクラスメイトが数人いたおかげだ。その子たちによって、私は嫌なこともケロっと忘れて毎日楽しく学校に通い続けることができた。

世話焼きのクラスメイトは、私の筆箱を見ては、「また鉛筆を削ってない」と言いながら自分の携帯鉛筆削りで削ってくれたり、消しゴムを貸してくれたりする。私は消しゴムを忘れたら唾を指につけて擦るのだった。うまくしないとノートが破ける。そのノートもよく忘れる一つで、一冊に何か所も違う教科の習い事を書き留めることはざらだった。これには自分でも嫌になったが、どっちみち復習もしないので大丈夫なわけだ。

それでもほとほと嫌になる理由は、先生にその教科のノートを持ってきていないことがばれると叱られるので、見つけられないようにノートの前からは国語、後ろからは算数、真ん中には社会というふうに自分なりの使い分けをしないといけないのだが、いちいち誤魔化すことが面倒臭いのと、その行為が不愉快だったからだ。

また、時間割といって、明日はなにを習うということを黒板から書き写して、家で教科書の準備をしなければならなかったが、それも忘れて家に帰るので、母は級長さんの男子宅に電話をかけては毎日、明日の時間割を教えてもらっていた。母には随分叱られたが、私は叱られることが怖くて悲しくなって泣くのであって、それではここを改善して叱られないようにしようという気はまったく起こらなかった。そのことについて関心がなかったので、自分にとってはどうでもよいことだった。仕方なく母は必ず時間割を書いて帰りなさいとか、学校からの手紙は必ず見せなさいとか口うるさく言うようになった。

なぜ時間割を書き写すことがどうでもよいかというと、教科書を忘れても、隣の席のお友だちと席をくっつけて、教科書を見せてもらえるようになっていたからだった。

それは私にとって、楽しいことでもあった。

ただ、小学生時代の私は、いわゆるクラスに一人いるかいないかレベルの問題児であったのは間違いない。しかしながら、そうこうしながらも具体的な方法を教えてくれると、それには従うことができるようになっていった。

家でろくすっぽ国語の教科書を読む練習もしないので本を読むのは苦手だったが、授業で当たっても、ちょっとの恥ずかしさを越せたらいいことなので、それっきりいとも簡単に恥ずかしさも忘れてしまうのだった。漢字の書き順は私流に書きやすいように漢字が書ければよく（という勝手なこだわりがあった）、正確な書き順になんの意味をも見出せなかったために、書き順のテストの点数は壊滅的だった。今、講演に呼ばれるようになると、書き順がでたらめだから板書が恥ずかしく、ちゃんと勉強すればよかったと思うが、あとのまつりだ。しかも本をすらすら読む練習を怠ったことは、やがて初見で本をすらすらと読んで、すぐに理解していく力に欠けることになり、それらは高校の模試レベル、すなわち、初見で長文を読みこなし制限時間内で解答していくという能力を要求されるようになって初めて、困ることになった。しかも、大学入試レベルの数学の文章題さえ、問われている意味がわからないという事態を引き起こす。こんなことになるなんて誰も教えてくれないので、ぜひ、児童のうちから保護者にもそのことを教えてほしいと、今となって思う。

当時はA3用紙程度のかなり大きなワーク教材『毎日の学習』を学校で買わされて、それを母に横でつきっきりで教えてもらってするのが、私の唯一の勉強だった。私には、一枚があまりにも大きすぎて気に入らなかったが、これだけは絶対に逃げることを母から許してもらえない唯一の勉強だった。

文章がうまく読めない私は、母に叱られて嗚咽《おえつ》しながらワークブックをしていた記憶がある。国語の文章題では内容を把握すること以上に、叱られないように読もうとする気持ちのほうがはやって、母の横で音読したあと文章題に取り掛かるまで、何度も何度も黙読しないと、頭に言葉の理解が及ばない状態だった。もちろんスムーズに音読ができるわけないので、叱られると余計に頭の中が真っ白になり、なにも手につかなくなってしまう。それでも今考えれば、『毎日の学習』ワークがあったから、なんとか挽回できる素地になっていったのだろうと思うと母には感謝する。ワークが終われば、あとは日暮れてテレビアニメ『魔法使いサリーちゃん』が始まるまで近所の子どもたちと遊ぶ毎日だった。

近所で木造の家が取り壊されている現場に行くと、お風呂の洗い場に貼ってあったタイルがたくさん転がっている。きれいに剝《は》がれているのを集めるのは、私にとっては宝探しだった。新しい家の建築現場に行くと、新品の五寸釘が何本か落ちていることがある。それは、近所の子どもたちと五寸釘を土に投げ立てでする『陣取りゲーム』に必須のものだった。

当時は野良犬がたくさんいて、その子犬は親犬の隠し穴にいたので、それを見つけては家から持ち出した食べ物をやったりしていたこともあった。学校に通う道中にかわいらしい子犬を見つけて、逆戻りをして子犬を家に連れて帰る。それで学校には遅刻をしてしまうのだ。

家の近くには土手があり、たくさんのフナムシやバッタや蝶々がいて虫籠と網を持って走り回る毎日だった。とにかく私には叱られること以外のすべてが楽しくて興味があった。それに比べると学校の勉強は興味の対象ではない。勉強ができないとなると叱られるのでますます嫌いになっていく。今度は叱られないようにやってみよう、なんて思わないのがどうやら子どもの思考のようだ。

結局は、小手先でやってみても結果が出なければ、どっちみち叱られるのを知っているからだった。当時は、勉強はやればすぐ結果がよくなるものではなく、積み上げていくものだとも知らなかった。訓練とか練習の意味を知らなかったのだ。もちろん、きっと他の子どももそんなことは知らないに違いない。私にとって、勉強イコール叱られるもの、だから嫌いという図式にしかならなかった。これは私だけではなく、およそ普通の子どもにある感情論理だと思う。

私は、いわゆる今でいう学習障がい児だったのかもしれないが、当時はそのような診断名はなかった。

小学2年の時計の読みや計算も、まったくできなかった。父は大きな柱時計を外して、私に熱心に読み方を教えた。しかし、いくら実践してくれてもできるようにならないので、堪忍袋の緒が切れた父は、その柱時計を私の頭に思い切りぶつけたのだった。もちろん私は火が付いたように泣き出した。今なら児童相談所に保護されていたかもしれない虐待だろう。今振り返ると、その時の父の気持ちは痛いほどわかるが、私はできないことに泣いたわけではなく、鬼の形相で怒った父に脅《おび》えて泣いただけなのだ。なぜこれほどまでにわからないのかと問い詰められて、私は答えた。

「なんで1時間は60分なん……なんで1日は24時間なん？　なんで長い針がたくさん動いても小さな針は少ししか動かないの？」

ヒクヒクと泣きながら質問した。今まで10で切り上がる十進法だったので、急に60とか24のような中途半端な数字で位が上がることについてまったく腑に落ちなかったのだ。単純になぜなんだろうということが頭の中をぐるぐると支配し続けていたので、先に進めないのだった。当時は自分で調べる知恵もなかった。父親は烈火のごとく怒り、

「おまえは、なんで、まつもとよしこっていうのか、と聞くのと同じじゃ。そう決められとるだけじゃ！　このドアホ」

私はこの勢いに押されて、また火が付いたように泣きじゃくった。

「ほなってわからんもん。ほなってわからんもん」

「これ以上なにがわからんのなっ」

私の訴えと父の怒号が飛び交う。母はオロオロしながら泣き出しそうな顔になる。説明する能力に乏しい子ども時代は、それしか言いようがなかった。概念というものがわかってなかった。おそらく「昔々エジプトというところに住んでいる人たちが……」と説明が難しくて子どもにはわからなくても、理由があって12とか24とか数字が出てきたのだ、ということがわかれば腑に落ちて、時間の読みや計算に進めたのだろう。時計を分解して歯車の仕組みを教えてくれたら、それなりに長針と短針の模様が理解できたかもしれない。

今になってわかったのだが、学習障がい（LD）や注意欠如・多動性障がい（ADHD）傾向のある子どもは、このように変なところにこだわりがあったりして勉学に支障をきたすようだ。その決まり事はどこから来たのかというほうに興味があって、決まり事には興味がないから理解できないというふうになるのである。

翌日、時計のテストがあった。返ってきた解答用紙全体に大きく丸が書かれていた。

私はとても嬉しくなった。しかし、どこを見ても点数がないことに気が付いた私は、先生に尋ねた。

「先生、点数がありません」

「これが点数です」

なんと、大きなひとつの丸が点数だったのだ。

自分ができているのか、できていないのかさえもわからなかったということだ。

私の娘もＡＤＨＤ傾向があるにもかかわらず、そこはなぜか時計をいとも簡単にクリアしていた。そのため、

「１時間を１００分にしないで60分なんて中途半端な数字で不思議だなと思って母さんは先に進めなかったのだけど、あなたはどうしてできるの？」

と聞くと、びっくりしたような顔をして、

「母さん……、そう決められていることでしょう。なんの問題があるのかわからない」

と答えた。しかし、彼女は時間という概念の歴史や長針と短針の動きの差がどこか

らきているのかには、まったく興味を示さなかった。なので、同じ発達障がいとはいえ、本当に人それぞれだ、ということだ。

こだわりの例として、娘の公文式教育の仲間を例にあげよう。その子は徳島で一番よくできて（進度が速い）、6歳で3桁の掛け算の筆算を学習していた。ところが、その子のお母様は嘆《なげ》くのである。

「ちょっと聞いてください。うちの子ったら、『校庭に10人いました。そのうち3人帰りました。校庭には何人残っているでしょう』みたいな簡単な文章問題のテストができなくて、0点だったのよ。『いったいどうしたの？』と聞くと、『だって、途中で喧嘩して帰ったのかなぁとか、遊んでいたのは学校の同級生だったのか近所の子どもだったのか、いろいろ思っていたら時間がきてしまった』って言うのよ。こんなことってある？　『なぜ先に帰ったかなんて書かれてないのだから、なんだっていいのよ！』ってかなり怒ったのだけどね」

この現象は私の幼少期の時計の問題と根源は同じことだなと感じた。計算よりも、帰った理由に興味が湧いたのだろう。このようにおそらくどの子も子どもの頃は、興味が多様で気になることがたくさんあって、概念的なものを理解できるようになるまでは、一般の理解を超えたところで夢見心地に生きているのだろう。結局のところ、叱らないで見守るしかないのである。

これらのことは少し成長を待てば自然と消え失せることだから心配はない。むしろ、例えば時計の場合は、どうして時間というのができたのか一緒に調べてみよう、と親が興味のあるふりをして誘導してくれたら、知識を得るのは面白いな……と勉強に興味が湧いたのかもしれない。なにか普通では考えられないところで詰ってしまった問題に対しては、親が面白がってプラスに考える努力をしてもらいたいと思う。

私の場合は翌日が時計のテストで、母がいつまでも理解しようとしない私にさじを投げて父が付け焼き刃で教え始めたのだったが、テストを気にせずにじっと子どもの話に耳を傾けて寄り道をすることも、時には必要なのだろう。

さて、私は悪い点数を見せることが親を不幸にするし、自分も嫌な思いをすると思ったので、それらを隠すようになった。ある日、樋《とい》の中に突っ込んだ。次の日に雨が降り、樋から流れ出たびしょ濡れのテストが見つかってしまった。

父は「嘘までつくようになったのか、情けない」と、今度は五右衛門風呂にくべる薪《まき》を持ってきて、私の尻や足を叩いた。薪はささくれ立っている。さすがに痛いので「もうやめて、やめて。ごめんなさい。もうしません」と絶叫して号泣しながら家じゅうを逃げた。さすがに母も「もうやめてください」と泣きながら私の上に覆《おお》いかぶさった。父は仕方なくそこでやめてくれるのだが、内出血で赤黒くなった脚を隠すために翌日はズボンで登校した。

ところが、私としては、やっぱり悪い点数を見せられない。仕方なく、今度は屋根に登って瓦を剥ぎ、その中にテスト用紙を折ってしまい込み、また元のように瓦をのせて隠した。今度は、どのようにしたら見つからないで済むだろう、と考えて行動することは意外と楽しかった。

しかし、そのような子どもの悪知恵はすぐに露呈する。雨が降ると雨漏りがあちこちで始まったのである。おかしいと思って屋根に登った父は、きちんとはまっていない瓦を見つけると、またもやそこから、悪い点数のテスト用紙が出てくるではないか。

父は烈火のごとく怒り、そのたびに悲劇は繰り返された。そうして学校に通う女子では私だけが、ほぼズボン登校となった。

子育てをした今になると、父母の悲しみが痛いほどわかる。しかし、今ではその行為は「虐待」といって父親が警察に捕まるか、児童相談所によって私が親から引き離されることになるだろう。もし、そうなったとしたら、私は泣いて、「私が悪いのだからもうしません。許してください」と児童相談所の職員に本気で訴えたかもしれない。テストを隠してはいけないと言われたことを、何度も繰り返したという自分に非があることはわかっていたからだった。

ただ、それでも当時の私には悪い点数を見せる意味がわからなかった。できなかったところを何度も解き直して、今度同じような問題が出たら必ずできるようにするという学習を知らなかったのである。それは母親が勉強の仕方を十分に知らなかったため、家庭指導ができていない所以《ゆえん》であった。

大人になれば、自分にとって耐えがたい不利益なことが意図せずとも降りかかってくることがあり、それに対し真っ向から向き合って反省をしつつ、今後同じ失敗を繰り返さないように対策を考えるだろう。そんな時に不都合なことから逃げて、卑怯な生き方をするような人間にだけは育ってもらいたくないということを、難しくて理解不能であっても、きちんとした理由があるのだよ、と子どもに説明するべきなのだと思う。そして、テストプリントを見て、親は子どもがいったいどこで間違えているのか、どうしたらいいのかを丁寧に考察して、子どもと一緒にできなかったところを考えて、もう一度させてできたら大きな丸をあげて、一〇〇点になったと親子で喜べば、勉強することは案外楽しいことかもしれないと思い始めるのだろう。そうすれば、決して悪い点数のテスト用紙を隠したりせずに、親と一緒に勉強をする材料に自らがするだろう。母は家事、育児でくたくただ。父親も仕事が終わってくたくただ。それでも、時間を割いてやらないとならない。

当時の小学校には「特殊学級」というクラスがあり、学習障がいのある子が入っていた。3年生に進級する時、きっと次は私もこのクラスだろうな、と思ってそのクラスを覗いてみると、教室の真ん中にトランポリンがあったりおもちゃ道具があり、面白そうなので、この教室がいいなと思って前に立っていると、友だちが向こうで呼ぶ。

「よっこちゃん、こっちこっち。3年3組に張り出しがあるよ。一緒のクラスじゃ」

私は3年生でもこれまで同様の一般のクラスで、40歳後半の新しい女性の先生が担任になった。とりあえず、2年生の時のいけずな先生が持ち上がりにならなかったことにほっとした。そのいけずだった先生は、実はほかの児童と保護者には信頼を寄せられる素晴らしい先生だったそうだ。

新3年生の担任は八木先生といい、優しそうな笑みを上手に浮かべる背の高い先生だった。保護者への最初の説明会のあとに、母は背を丸めるように小さくなって八木先生に申し訳なさそうに話をしていた。しばらくして、先生は私を母のもとに呼ぶと私の頭を撫でながら、

「お母さん、心配はいりませんよ。早生まれの子はどうしても低学年の時はみなさんより遅れがちになりますが、だんだんついてこられるようになります」

と言ってくれた。母はその一言に大変救われたのか、学校で初めてにっこりとしたような気がする。それでは、1、2年の担任はそういうことさえ知らなかったのだろ

うか？

私はというと、その言葉の意味をはっきりとはわからなかったが、先生が初めて優しく頭を撫でてくれたので、なにかいいスタートが切れそうな予感がしていた。素直で天真爛漫な性格だった私は、その些細な出来事で気をよくし、時間割もきちんと記して、教科書やノート、文房具も準備し、家でも勉強をやってみようと思うようになっていった。単純なものだ。

先生が頭を撫でてくれたことがここまで変えたのだ。自分で本読みの練習もするようになったが、予習として何度も読んではみたものの、なかなかすんなりとは読めなかった。2年間のブランクはそうそう埋まるはずもなく、成績においても、たいした変化は生まれなかった。しかし、とにかく成績とは関係なく、勉強するということが少しずつ楽しくなっていった。

私が自ら本を開いたり、漢字の読み方を聞いたりし始めたので、母はかなり嬉しかったのか、毎日のように私の好きな夕食のおかずを作ってくれた。母も単純なものだ。

ある日、私が書いた詩を八木先生がとても褒めてくれた。そしてその詩を新聞に投稿するという。クラスのみんなから「すごいなあ」と祝福を受けた。

その詩の題名は「夏の夜の音楽隊」。今から思うと、そういう曲を授業で習ったため、それが頭に焼き付いて詩にしたのだろう。

私は学校で先生に褒めてもらうことはなかったし、クラスメイトから羨ましがられることは一度もなかった。そのため、この詩の〝事件〟は、私をたいそう喜ばせ、私の内にあるやる気を引き起こした。それからは私なりに一生懸命勉強をした。

私の詩は本当に新聞に掲載された。母も父もたいそう褒めてくれた。父は新聞を複数買ってきて切り抜いて、親戚に手紙と一緒に送っているところを見た。

このことをきっかけに、学校での私の居場所がだんだんでき始めた。たぶん、これは先生の作戦だったのだろう。

成績も指定席の38番から徐々に上がっていった。通信簿で並んだアヒルさんの「2」から「3」が並び始めたので、おそらく真ん中くらいの成績に上がっていたのだろう。

予習をすると先生に褒められ、クラスメイトにも一目《いちもく》置かれることがわかった。そのため、そこそこの予習はしていたが、復習の大切さを十分知らなかった。だから、テストの点数はやっている割には伸び悩んでいた。

しかし、小学3年生の頃の私は十分すぎるほど幸せだった。いつも大人たちの目を気にして、怒られないようにして生きてきたが、目の前がパッと明るく開けてきたように思えた。

ただ、学年が進んでも、ずっと中くらいの成績でいたようで、なぜか4年、5年生の先生は、名前も顔もさっぱり覚えていない。私自身がどうだったかも思い出せないくらいだ。おそらく中庸で、叱られることも褒められることもない平和な時期だったから印象に残っていないのだろうか。

「できんぼ」覚醒する

5年生の2学期になる頃、新しい家を建てることになり、建築中は徳島駅の近くの賃貸マンションに引っ越すことになった。新しいことは子どもにとってわくわく楽しいことだ。そこから今までの田舎の小学校に通っていたら、母の友だちが母にこう告《つ》げた。

「松本さん、同じ公立でも町の小学校のほうが偏差値も高く、子どもを通わせたくて、わざわざ越境入学させるために四苦八苦しているのよ。町に住んでいるのだから正々堂々、町の小学校に転校させたらいいのに……」

「田舎の小学校でもついていかれないのに、町の小学校についていけるはずがないと思うのだけど……」

「ショック療法っていうのもあるらしいわよ」

夏休みの昼下がりだった。母は学区内の町の小学校に、私を連れて見学に行った。母はよそ行きの着物を着ていた。髪もきれいに結《ゆ》って、気合が入った母の凛《りん》とした姿には、子ども心にも嬉しくなった。事情を説明された私は、友だちと別れる悲しみもあったが、それよりどんなところなのかが知りたくて、かなりテンションが上がり、母と繋《つな》いでいた手を振り振りスキップをしていたら、母から、「今日は校長先生にお会いするからきちんとしなさいよ」とたしなめられた。

その小学校は徳島駅のすぐ横にあった。今までいた田舎の小学校は木造だったが、なんと重厚な鉄筋五階建て、戦中焼け残ったと聞いた校舎だった。周囲からはパチンコ店の音が聞こえたり、駅前ロータリーの行き交う車の音など、たくさんの騒音が聞こえてくるところだった。

校舎の横から構内の中庭と玄関に通じる、じめっとした薄暗い通りを行くと、工作室の強烈なニスの臭いとともに、音楽室から合奏の音が聞こえてきた。夏休み中のため生徒はいないはずだが、秋に文化祭があるので、各クラスで演奏する音楽の練習をしていたのだそうだ。

私は聞こえてくるテンポのよい音楽にど肝を抜かれて、しばしそのじめじめとした通路に佇《たたず》んだ。音楽好きの父からいろいろな音楽を聴かされていた私は、それが運動会でお馴染みの曲、オッフェンバック作曲の『天国と地獄』であることがすぐにわかった。エレクトーン、縦笛、その他いろいろな楽器の音が見事にマッチしている。まさかこの曲を小学校の生徒が演奏しているなんて、びっくり仰天したのだった。

田舎の小学校にももちろん、秋の文化祭はあった。低学年はお遊戯をしたりカスタネットを持って、『小鹿のバンビ』を歌ったり、高学年になると縦笛で『富士山』の演奏だった。縦笛を吹かない生徒は「富士は日本一の山～」と歌っていたのだった。せいぜいその程度の音楽会なのだ。

ところが、かたや町の小学校は『天国と地獄』。次に聞こえてきたのは、ブラームスの『ハンガリー舞曲第五番』。ティンパニーまで聞こえてくるではないか。バチバチと指揮棒で机を叩く音がしたかと思ったら、音楽の先生なのか女性の声で、

「ほらほら、だんだんテンポが速くなっています。よく指揮棒を見て！」

と指導している。

音楽ひとつとっても、こんなに田舎と町ではレベルが違うのだな……と、ただただ驚いた。

我に返った私は、この学校についていけるのかどうかという強烈な不安感と、このような有名なオーケストラ曲ができるようになりたいという憧れとの、複雑な心境に襲われて母の袂《たもと》を握り締めた。

「さあ、そろそろ校長先生のところへ行きましょう」

母はそういうと、緊張した様子の私ににっこりと微笑んだ。

私はというと白のブラウスに紺色のスカート、紺色のハイソックス、頭には大きなふわりとした紺色のリボンをポニーテールにしていたので、一見、都会のお嬢さん風に見えたのではないかと思う。母は男性の校長先生となにを話したのか知らないが、しばらくすると、廊下でいた私を校長室に入るように手招きをされた。

「6年生から待っていますよ。君は6年1組です」

できの悪い私のことを校長先生が「待っています」と言っただけで、私は歓迎されていると勘違いをして夢のように舞い上がったことをよく覚えている。

あくる日、母が田舎の小学校の担任に転校の意向を伝えると、先生はびっくりした顔をしながら、ぴしゃりと答えた。

「松本さん。どこに変わっても同じですよ。ましてや町の小学校だなんて」

5年生の担任はいい先生だと思っていた私は再び落胆した。その一言には、自分をどこか小馬鹿にしていた先生の気持ちが見え隠れしたように感じられたからだ。この頃は、私もクラスの中くらいまで成績が上がっていたので、勉強ができるようになってきたという小さな自負が芽生えていた。生まれて初めて「なにくそ。今に見ておれ」と唇をぎゅっと噛んだことを明瞭に覚えている。逆に自負がなければ、悔しさもないし、向上心もわかないということだ。


町の小学校に転校できる。

その時はそこで素晴らしい音楽ができるという期待で、胸を膨らませていた。ただ、勉強のことを考えると一抹の不安を抱《いだ》くのも確か。それに負けずに、一筋の蜘蛛《くも》の糸を這《は》い上がるように、絶対に頑張ろうと張り切っていた。

母や母の友だちが予想した「ショック療法」が、私に見事に効いたのだ。あの時、『天国と地獄』が聞こえてこなかったら、おそらく憧れよりも怖さのほうが先だって、新しい学校に転校しなかったかもしれない。

ふとしたきっかけがその人の今後の人生を大きく左右するものだ。もし、そこに神様のお導きとやらがあるとすれば、まさにその音楽が偶然にも聞こえてきたことだろう。

父は自慢のステレオで、土曜日の夜になると、私にクラシック音楽を聴かせていた。クラシック音楽を聴いている父はとても穏やかだったし、母は紅茶とお菓子を運んでくれるので、私はクラシック音楽を聴くことが、いつしか好きになっていた。父が一番初めに買ってきたレコードは、メンデルスゾーン作曲『フィンガルの洞窟序曲』だったことも覚えているほどである。

転校初日は頭に大きな紺色のリボンをしていたため、クラスの子はどんな都会のお嬢さまなのだろうと思っていたそうだ。

なぜなら、この学校はもっと大きな都会からの転勤族のご子息も通っていたからだ。しかも、大都会からの子は勉強が群を抜いてでき、さらにピアノはとびっきり上手で、私もそうなのだろうと思われていたみたいだ。

クラスでは級長を決める投票がすぐに始まった。私にとって、今までまったく無縁のことだったのに、どんどんと私の名前が上がってくる。なにがどうなったんだろうとびっくりするばかりだったが、結局は「ブーチャン」という、以前からこの小学校に通う町のよくできる女子が級長となり、名古屋から来たケイコちゃんが副級長になった。

私はというと、「書記」に選ばれてしまった。漢字もさることながら、送り仮名さえ不安要素満載の私がよりによって書記だなんて……。それでも壇上に上がってクラスのお世話をするのは初めての経験なので、急に「お利口」になった気がしたものだ。

これをきっかけに、私は真面目に国語の勉強をするようになっていった。とはいえ、国語の勉強ほど難しいものはない。結局のところ漢字の練習と物語を多読していくくらいなものだった。

6年生の担任の酒井先生は蝶ネクタイをした50歳ぐらいの男性だった。担任が男性のことは初めてなうえ、蝶ネクタイをしているなんて、そんな小さなことでも都会はやっぱり違うと驚きと誇りを感じていた。

担任の先生はテストのたびに1番から40番まで後ろの壁に発表する。最初のテストで私はよく頑張ったせいか40人中の12番だった。田舎の小学校ではない、徳島市のど真ん中の小学校での成績で私は誇らしかったが、クラスの連中は、私のこの成績に、ややがっかりしたようだった。そもそも転校生のほとんどは大都会からの転校生ばかりだから、成績はトップを争う程度に優秀なのだ。

それを思えば、同じ転校生であっても私は違った。さりとて先生は私の過去を知っていたのか、「よく頑張ったな」と頭を撫でて褒めてくれた。

級長の「ブーチャン」はいけずな子で、私の算数のテスト用紙をひったくると「62点。フ〜ン、アホでえ」と明らかに馬鹿にしてくる。それも毎回のこと。そのブーチャンの態度に周囲も嫌気がさしており、成績優秀グループのプクピンは、ブーチャンから私の答案用紙を取り返してくれた。

学校にも慣れ、自信をつけ始めていた私はただ黙ってはいなかった。ある日、腹に据えかねた私は「ブーチャンを抜いたる」と宣言したのだ。

「へ〜〜、やれるもんならやってみな」

ブーチャンは私の額を小突いたのだった。それからというもの、目標ができた私は、毎日コツコツと勉強をした。その方法は間違えた問題やできなかった問題を見直してできるようにしていくというものである。思えば、これこそが初めて復習に向き合ったことでもあった。

誰も復習とはどうしたらいいのか教えてくれないから、自分でできなかった問題をノートに書き写して正解を書いて、『できなかった問題集』を作り、空で暗記するほど何度も何度もできるようになるまで解いて覚えていった。

6年生最後の算数は、かなり難しい問題だったと思うが、復習のおかげで私は96点を取り、ブーチャンは85点だった。当然の如く、ブーチャンは私の算数の用紙を取り上げた。ブーチャンは言葉に詰まったかと思うと、目を真っ赤にして唇を噛み締めていた。その時のブーチャンの悔しそうな顔が今でも忘れられない。

その時、『勉強をすれば、上がったり下がったりしながらも、徐々にではあるが、いつかは必ずできるようになる』という感触を知ったのだ。

酒井先生は、私の答案を高らかに持ち上げて、クラスメイトに伝えた。

「うちのクラスから算数の1番が出ました。松本さんです。よく頑張りました」

私はみんなに拍手される中、先生から答案用紙を受け取った。帰ると父母は大喜びだった。こんなに家族が喜ぶのなら、もっと前から勉強すればよかったと思っていた。

さて、酒井先生の最後の算数の授業の時のこと。

先生は黒板の真ん中に大きな木を書いた。

「みなさんが中学生になったら算数の代わりに数学という授業になります。算数は木の枝です。そして数学は木の幹です。鶴亀算の算数が苦手だった人も数学はできるようになりますので、諦めないで勉強をしてください」

この一言は、私の「やる気スイッチ」だった。あの難儀していた算数が数学になるとできるようになる。それは算数ができなかった子にとっては夢のような一言だった。

私は中学校を楽しみにするようになった。

中学校は小学校2学区の生徒が一緒になり、全校生徒1506名、1学年12クラスのマンモス校だ。同じ学年の同窓生でもほとんど会わないという人もたくさんいた。

中学生になった私が一番嬉しかったのは、かつての「できんぼ」と呼ばれていた自分を完全にリセットできるかもしれないという嬉しさだった。もちろん6年生の時は、ずいぶんとできる子の範疇になっていたが、幼い時代に受けたマイナスの自己イメージは執拗に残っていた。

私には、もうひとつ「やる気スイッチ」を起こさせてくれることが待っていた。担任の先生は28歳の若くてイケメンの社会科の先生だった。いまどきの中性的なイケメンではなく、俳優の加藤剛や高橋英樹のような男らしい正統派イケメンだ。しかも剣道は五段の腕前。先生は結婚したばかりなのに、生徒からの人気はもちろんのこと、保護者からも大モテだった。保護者会の際には先生の隣の席をめぐって、おばさん連中の争いが起きるほどだった。

もちろん、私も淡い恋心を抱いた。そして先生に気に入られたい一心で、本気で勉強に勤《いそ》しんだ。

先生はノートの取り方から教えてくれて、1週間に1回ノートをチェックする。見やすくきれいに書けていたノートは金賞や銀賞の紙が添付され、昼休みの間に教室の後ろの長机に展示される。他の生徒はこうすればわかりやすいのかと勉強になり、もっと工夫を重ねてくる生徒もいた。しかも、そのノートさえきちんと復習すれば、およそ社会科に関しては満点が取れるようになっていた。そのため、みんな競うように勉強をし始めたのだった。

私はまず、部屋のベッドを片付けてもらった。ベッドはすぐに横になれるので、誘惑に負けがちになるからだ。母はその代わりに布団を持ってきて敷こうとするので、たたんだままでいいから隅に置いてもらうように頼んだ。たたんだままだと布団を敷くのが面倒だから、寝ずに勉強ができる態勢への私自身の布石でもあった。

そうしてとにかく親が体の事を心配するほど、毎日毎日勉強をし始めたのだった。この頃はまともに布団で寝た記憶がないほど、一日中机にかじりついていた。

勉強すれば、ノートに金賞を貼ってもらえるので、学校でも一生懸命に先生の授業を聞いて板書を書き写す。家に帰っても、勉強に明け暮れた。その原動力は、いろいろなところで褒められるからだ。

中学生になって最初のテスト結果が出た。中学ではクラスの半分の20位までの名が教室の後ろに貼り出される。最初は廊下に全員分貼るとのことだったが、さすがに生徒の反発があって、先生も教室の後ろに上位20位までというところで妥協した。私は10位からのスタートだった。

予習も復習も誰にも教えてもらったことのない私が、この頃には自ら学習の工夫をするようになっていた。例えば、気に入った問題集を各教科2冊ずつ買いそろえた。問題集はひとつ残らずできるようにしようという心意気で買ったのだが、2冊購入した理由は、1冊だけでは問われる場所が違ったりすると不安だし、かといって3冊もできない。そのため、2冊にしたのだ。

理科や社会科の覚える範囲のところは一度できたものはやはり覚えているので、できなかったものだけを徹底的に覚えていった。しかし、覚えるのが苦手な私は、何かいい方法はないかと悩んでいた。ある日、たまたま社会科のノートの上に、食べていたラムネを包んでいた赤いパラフィン紙が乗っかった。それを捨てようとした時にふと気が付いた。重要な単語は赤鉛筆で書いていたのだが、その赤いパラフィン紙で消えて見えなくなっていた。

「これは暗記をするのに最高な方法だ」

私は世紀の発明者のような気分で心が躍《おど》った。

パラフィン紙をずらしながら覚えていったが、ラムネを包んでいたパラフィン紙は小さいため、次に覚えたい場所が先に見えてしまう。そこで赤い透明度のあるものを探し始めた。あったあった、小さい頃に使っていた漫画のレコード盤『コロちゃんレコード』が赤く透明でパラフィン紙よりもっと頑丈だったので、それをうまく切って使ってみた。その発見は見事に悩みを解消してくれ、それで記憶していくと確かに早く覚えることができた。

私はその考案を、ノート提出時に、コロちゃんレコードの切れ端をつけて提出した。

先生はたいそう喜び、金賞を貼ってくれた。それ以上に、クラスメイトは感嘆し、こぞって大切な赤の部分だけ消える様《さま》を試していた。私が考案したこの方法は、3年ぐらいあとに参考書や問題集に添付されて流行り出し、今では当たり前のように提供されているが、それを一番初めに発明したのは私だと自負している。もちろん特許なんか取ってないため、それを証明する術《すべ》も、何の儲けにもならなかったのだが……。

こうした勉強の創意工夫もあり、私の成績はじりじりと上がって2学期になる頃にはクラスで3位になっていた。ただ、その上には強固な壁がそびえ立っていた。どんなに勉強してもそれ以上は登れないのである。10位くらいまでの生徒はほぼ同じぐらいな実力のため、5位までは大激戦。少し怠けると、たちまち3位から転落する危機をはらんでいた。特に私のクラスは優秀で、クラス3位ならば1学年12クラスでかけると単純計算では36位なのだが、1506名中20位前後だった。ちなみに担任の先生はほどなくして徳島大学附属中学校に引き抜かれていった。

成績を教室に貼るのも私たちのクラスのみだった。今ならさまざまな配慮から、このようなやり方をよしとしないのかもしれないが、やる気のある生徒にとっては、このくらいの成績を目指すなら、このくらいの勉強量がいるという目安がわかるし、順位1つを上げるための困難や努力が肌感覚で実感できるようになる。

2位以上はひとつの計算ミスも許されないが、私は単純な計算ミスをしてせっかくできていた問題をごそっと落としたりすることも多々あり、2位以上の壁は厳しいものだった。どれだけ慎重にしていても、解けたことに有頂天になって最後で計算ミスをしてしまうとか、これはできると思ったら嬉しくなって、最後まで問われている内容を読まずに早とちり解答をしてしまうことも多かった。お調子者というべきか、慎重さに欠けるというべきか……。すべては小学校の時の「読み書き計算」に対して非常に曖昧《あいまい》であったことに起因していた。小学校時代の読み書き計算不足は、中学生まではまだなんとか努力で賄《まかな》えたが、高校では問屋が卸《おろ》さなかった。もっと複雑な計算力と思考力が必要になる数学は、単純に努力では間に合わない事態になる。国語の長文読解もしかり。結局はもっと揺るぎのない強固な土台構築が必要であったということが、高校生になるとよくわかる。

それともう一つ、この頃は病名もなくわからなかったのだが、このような私の傾向はいわゆるＡＤＨＤ気質（注意欠如・多動性障がい）の子どもの特徴だったことがわかった。

現在では５人に１人がＡＤＨＤだと言われている。その傾向が軽症であっても本人も家族も生きづらさを感じながら、私のように自殺ギリギリで踏みとどまっているご家族もあるかと思われる。今はインターネット上の情報や、よい薬、精神療法などの取り組みもあるので、ぜひ児童精神科専門の先生に相談してみてほしい。また拙書のどこかの部分がお役に立てれば嬉しい限りである。

「できんぼ」医師を目指す

話を遡《さかのぼ》ると、町の小学校に転校するため挨拶に行く道中に、徳島県立城東高校があった。高校のレンガ造りの塀の前には大きな木が並び、そこに蟬がいるのか、せわしく鳴いていた。母はその高校の前で立ち止まって言った。

「徳島には校名に城が付く高校が3つあって、一番いいのは城南高校だけど、男子校。次はこの城東高校。お勉強をいっぱいしなくては入れないところだけど、母さんはここに入ってほしいな」

今でもその言葉は忘れもしない。母が喜ぶならそうしてみたいと、初めて生きる目標を持った日だからだ。

実際、小学校、中学校と非常に頑張ったので、城東高校は合格圏内だった。しかし、中学3年生の時、県内の能力の高い生徒を集めるために新設された徳島市立高校の理数科を受験してもらいたいと、高校の校長先生が挨拶にきた。それほど中学生では上位の成績を維持していた。

私はその徳島市立高校の理数科を受験したが、合格ラインは5教科500点満点中470点、1教科平均94点が最低ラインだった。私は460点で惜しくも不合格。しかし、横滑りがあって、以前からの目標としていた城東高校に新設された英数コースという特別コースに編入されたのである。

話は飛んで高校2年生。いよいよどのような人生を送るかを考えていかなければいけない時期になっていた。

「何でもいいが、わしは医者だから医者の道は話ができても他はわからん」

と、父はぶっきらぼうに言うが、成績がよかった私を見て父は医師になってもらいたかったようだった。

そんなある日、首のリンパ節が腫れて痛くなったことがあった。夜、私が寝静まった頃、居間で父と母がひそひそ話をしていた。たまたまトイレに起きてきて、居間の引き戸の隙間から聞こえる声に立ち止まった。

「よしこ、再発したのでしょうか」

「いや、時間が経《た》っているから考えられん」

私は再発とはどういうことだろうと、耳をそばだててみたが、もうそれ以上は話がなかった。不安に駆られて翌日の夜、父母に聞いてみた。

「父さん、再発って何？　私、なんか悪い病気でもしてたん？」

「なんや、よしこに聞こえとったんか。しゃあないな。リンパ節の話な」

声のトーンが低くなくて、半笑いで父がしゃべり出すので、少しほっとした。母は真剣な表情で隣に正座した。

「あれはな……、お前が生まれてまだ3カ月くらいの時。右の首にしこりがあったんじゃや。それで小児科の教授に見てもろたら、こりゃ、リンパ腫かもしれないから、手術せんとというので、びっくりしたことよ」

「えっ、そんなことあったの。初めて聞く話じゃ」

「しかし、当時の徳島大学病院では生まれたての子の手術なんかしたことがない。まだ血管も細くて神経やら血管やらわからん。一歩間違えたら顔面神経を傷つけて一生顔が引きつって生きなきゃならんようになるだろうから、その病院ではできないというんじゃ。困ったことやなと思っていたら、その小児科の西澤教授が大阪大学病院に紹介してあげると言う。当時、西澤教授と言えば医学界では、飛ぶ鳥をも落とす勢いの教授ぞ」

「それでどうしたの？」

「その先生が阪大の教授を紹介してくれる時に西澤教授の親戚の子と言うて紹介してくれたから、さあ大変。わしはまだ駆け出しのインターン生だったから、お金がひとつちゃない。ほれなのに、阪大に行ったら、一番高い個室に入れられてしまうから、わしは当直に出かけたりして夜も寝ずで必死で働いた。阪大はな、まだその当時は白い巨塔でな。小児科の先生が回診に来たら、廊下に響き渡る大きな声で『A教授の御回診が始まります』と婦長が言うと、看護婦一同廊下の両端に整列して、みんな一斉に深々と頭をさげている中、教授を先頭に以下助教授や担当医からインターンまでザクザクと音を立てて歩いてくるんじゃ。ええ靴履いとるから、音がするんよ。小児科の回診が終わった途端、今度は外科の回診でまた同じように廊下に響き渡る。それが終わると、今度は耳鼻咽喉科と、その都度お前のおる特別室に回診に来てくれるから、他の病室の患者は、とんでもなく偉い代議士の子でも入院しとるのかなと、噂になってたのじゃ。なんせ、それだけ西澤教授は医学界に君臨してたから、その親戚筋ということだけで、他の科の先生もピリピリしとったんじゃ」

あまりに面白過ぎる話だったため、私は自分の病気の不安を忘れてしまった。しかし、気を取り直して、父に「病名は？」と聞く。

「知らん。なんや症例発表になるような難しい病気だったらしいけど、治ったたっていよったよ」

まるで、素人のような話で腰が砕けた。

しかし、父は私のためにそんなに頑張ってくれたことを初めて知った。それと同時に、医師たちが教授を先頭に白衣をひるがえし、回診している白い巨塔のイメージが憧れになってしまった。いつしか、私も困った患者を助けるために、白衣をひるがえしながら、回診しようと夢見て。ところが、本当になってみると、すでに白い巨塔時代は終わり、教授と医局員がひっそりと回診しているし、看護師にはこき使われる有様が今風になったのだが、それは先の話だ。

結局、私は医学部医学科に物理、化学選択で試験を受けた。要するに理系重視で受けたということだ。もともと記憶力がよくない（鍛えられていない）私には、生物を選択するよりも物理のほうがましだった。

ところが大学に入学してわかったのは、医学部はどちらかといえば、文系だったのである。文系というか、記憶中心である。わかりにくい生化学から始まり、医学で必要なものはすべて膨大な暗記である。たった6カ月で電話帳のような分厚い各科の教科書を丸暗記しなければならないのである。まだ患者も診たことがない時分から難しい病名の記述を読んでみても、まるでピンとこない。それをひたすら暗記、暗記。理系の頭脳は、どういったところで役に立つのだろうと時々思う。

大学時代の私にはほかの同級生のように、クラブ活動やデートを楽しむ暇《ひま》もなく、正月も二十歳の成人式も再テストで潰《つぶ》れ、ひたすら勉強をしてやっとなんとかついていける大変な学生時代を送った。

やっとの思いで医師になっても、アルバイト並みの月給10万円、72時間勤務は当たり前。ふらふらな状態でも、命相手の仕事だから失敗は許されない。テレビドラマの大門未知子のように「私失敗しないので」というか、失敗が許されない世界なのである。救急日は寝る暇どころか、まともにカップラーメンをすする暇さえない。土曜日も日曜日も当直があり、気が付いたら、何カ月も休みは取れていなかった。こうした勤務は修行中の研修医には当たり前なのである。

近年はうつ病になり自死してしまった事例もあり、働き方改革の最中ではあるが、主治医制度の大学病院勤務医師にとってチーム制になってしまうと、なにがなんでも終業の17時だからさよなら〜では、患者さまに向き合う精神が宿る医師になれるのかは疑問だ。長い努力の日々はこの厳しい毎日に耐えていく根性を養うためのものであったかと思う。なので、一般の人より慈愛と強靭な精神力と体力がある人が選ばれて医師になっていくのだろう。

それでも、医師は面白い。それぞれの科で随分違うが、内科なら同じ病名でも治療がそれぞれ、合う、合わないもあるし、培った膨大な脳データの中から必要なことを引き出して必要な検査をオーダーし、その結果で即時に判断していく。

毎日毎日、点を線にする推理小説を地でいっているようなものだ。そこに本人や家族の喜び、悲しみ、家庭の事情が乗っかってくる。そんなドラマのような日々は、時にお腹がいっぱいで堪えてもらいたい時もあるが、やりがいという意味においても、また自分がボケてしまうまで定年なく働き続けられるというのもよい。

私は勉強が大変だったとしても、医師になって心からよかったと思う。当時はわからなかったが、私はＡＤＨＤだった。ただ、ＡＤＨＤもアスペルガーも悲観的なことばかりに目が向くが、結構楽しい人生が待っているから、悲観しなくてもいい。

外科系はチームワークが必要だが、他の科はほぼ自分がすべての判断に責任を持って、コ・メディカルの力を借りていく仕事だから、集団の中で生きにくかった者は、精神的には伸び伸びと仕事ができるのだ。開業医だってできるし、勤務医で通すこともできれば、大学病院で出世したり、研究の道に入ることだってできる。科もいろいろあって、同じ医師でも、自分が合う科にいくことができる。僻地診療や海外後進国で治療に当たることもできる。医師免許ひとつで、多様な生き方ができるのだ。

医学生の間は、クラブ活動も恋愛もなく、黙々と6年間勉強するだけのつまらない青春時代だったが、子育てが終わりかけた頃に、運よく小説家になった。小説家にはなりたくても、なかなかなれないものである。なぜ、私が医師をしながら小説を書いたのか。

あれは小学校の高学年のことである。ぼんやりと、生死について考えてみる日々を送っていた。自分が死んでも残るものは何かを考えた。教師、医師、どれも死んでしまえば残らない。それではつまらないから、時代を越えて残るためには何を選べばいいのだろうと考えると、画家か小説家くらいだろうかな、と思ったことがあった。たまたま絵が上手だと褒められたので、父母に画家になりたいと言ってみたことがあった。

「画家では飯が食えんぞ。画家になりたいなら、まず医者になって生活を安定させてからなればいい。食えんことがどんなに辛《つら》いかお前にはわからんだろうが、バスに乗るのに、1円足りなくとも乗せてくれんのぞ。そのたかが1円のために、みんな一生懸命に働いとるんじゃ。1円を馬鹿にすると一生涯困ることになる。まずは生活が肝心じゃ。それから夢でもなんでも見なさい」

なるほど、それも一理あるかなと思い、画家か小説家という話はとんと忘れ去ってしまった。

しかし、私はどうしても形に残るものがほしくて、父の教え通り、医師になった際にもう一つの夢である小説を書き、デビューした。そして日本ペンクラブにも入会し、多くの著名な作家さんと親しくなることもできた。

しかし、作家だけで生きていけるのは、ほんのひと握りだ。平均年収100万円と聞く。なので、私のように本業は医師で、どうしても医師だけでは助けられない人に向かって筆を持つ。このことは、最高に幸せを感じる。私が書いた本を通じて、その愛を受けてくださった人の輪で、さらに多くの人と知り合いになることができるのは幸せである。

「できんぼ」母の子育て奮闘記

私は29歳で結婚して、そのうち子どもも生まれた。２７００グラムといういわゆる低出生体重児の小さな女児だった。私は15キロも体重が増えたのに子は小さかったので、生まれても私の体重はさほど減りもしなかった。

小さな赤ちゃんは飢えたようにミルクを飲み、産院から退院する頃には、他の児と見劣りしないくらいに大きくなっていた。私はうっすらと目を開けるか開けないかの目の前のB子が、たまにこっとする寝顔を見ながら、この子には私が経験したような不幸な小学生時代を送らせたくないと思ったものだった。

ずっと忘れていたことだったが、なぜ、私はすべての時間を犠牲にして人並み以上に努力をしなければ、勉強ができなかったのだろう。本当にできる学生はいろいろな趣味を持ち、よく遊びながら勉強もできていたのはなぜなのだろう。

それが学生時代からずっと不思議でならなかった。そして、勉強もできて、他のこともできる。遊びもする余裕があって、自分で物事を考えて決められる自立した人になり、礼儀正しく、優しい。そのような全人教育的な子育てを、どうしたらできるのか。私の長いチャレンジが始まった。

とりあえず、私は生まれて6年間の教育が十分でなかったことが、苦い思いをしなければならなかった要因のひとつだろうと考えた。

つまり、幼児教育だ。

とはいえ、何をどうしたらいいのかわからなかったが、調べていくと七田式教室という存在を知った。当時は今のようにいろいろな教室があるわけではなく、特に徳島県では七田式教室しか選択の余地がなかった。

家から車で15分くらいのところにあった七田式教室へは、子どもがやっと座ることができる8カ月過ぎから通い始めた。今でこそ、当たり前のような早期教育だが、当時、田舎ではまだ物珍しかった時代。そのため、教育に対してかなり意識高い系の保護者が数人通っていた感じだった。

私にとっても、意識高い系のいろいろな情報を聞け、多くの刺激を受けた。ただ、その中には意識が高すぎて一種洗脳状態になり、暴走子育てをしてしまう保護者もたまにいた。

麦パンを推奨されたら、麦パンばかり食べさせるだとか、食材によい波動となる機器を当ててから食べさせるとか。そのため、学校での給食が食べられずに周囲から浮く。友だちがスナック菓子を食べていて一緒に食べると、母親が怒る。

このような親は、いったいどういった子に育ってもらいたいかを願い、子育てをしているのか甚《はなは》だ疑問だったが、時にそういう状態に陥ってしまう保護者がいたことも確かだ。

七田式教室では「フラッシュカード」といって、絵が描いてある紙を見せながら、その名詞を言い、高速で繰っていくのだ。B子が通うクラスは5人だった。面白いことに1歳足らずの赤ちゃんたちが、その数秒間瞬きもせずに集中してそれを見ている。絵は犬、猫などの動物、乗り物、家にある道具、世界の国旗と首都、名画と作者、天体名とその衛星探査機など、ありとあらゆる種類のフラッシュカードがあった。

この頃はまだ幼児教育のはしりだったから、七田式教室でもいろいろなカードが揃っておらず、厚紙を仕入れてそれを四角に裁断機にかけて、百科事典でこれはと思うところの写真をカラーコピーして貼るといった夜なべ作業で、フラッシュカードを手作りしていた。当時はカラーコピー代も高く、費用も時間も半端ではなかった。

作家の名句や詩なども毎回みんなで音読するといったこともした。平家物語から枕草子、夏目漱石の草枕の冒頭、小林一茶などの俳句もあって、一冊になっていた。門前の小僧、習わぬ経を読むというものだ。

それを何度も繰り返すので、知らないうちにみな覚えてしまう。たまにテレビで、すべての国旗を覚えている幼児が出てくるが、七田式教室では当たり前のことなのだ。

もちろん身体を動かすことも、知育玩具で遊ぶ授業もあるが、すべて1時間以内の授業にぎゅっと詰め込まれていて、それぞれが数秒から数分程度で、赤ちゃんや幼児は飽きることなく最後まで集中して教室にいることができた。それらが後《のち》にどういう効果として現れたのかは定かではないが、きっと記憶力育成や親子関係に役立ったのだろうと思いたい。

ある時、七田式教室で丸の位置にシールを貼って、花を作るというような教材があった。当然のように他の子どもさんは端からきちんと貼っていくのに、B子だけはまったくランダムな位置にシールを貼ろうとする。びっくりして、

「B子ちゃん見て。お隣のCちゃんはほら、端からきちんと貼っていってるでしょう。なぜそうしないの？」

と聞いても、素知らぬ顔で一生懸命にランダムにシールを貼っていく様子を見て青ざめた。そもそも第一子は親が必死で余裕がない。みんなが同じようにしていることをしないだけで、不安でたまらないのである。

ところが、制限時間内でできあがったものを見ると、他の子はまだ花の形にさえなっていないのに、B子はランダムに貼っていったものだから、一応花の形がわかるのだ。たまたまの結果だが、みんなと違っていいと納得せざるを得ないと慰《なぐさ》めたものだった。

これを「個性」というのかわからないが、B子にもADHDグレーゾーンの遍歴が

出ていたのには、まったく気が付かなかった。大人になってから精神科医になったB子は、先輩の先生から、まあとりあえず、親が心配しているから病名をつけてあげているだけで、本当のところは「性質」とか「個性」と思ってあげるべきなのだが……と言われたそうだ。

七田式教室で、子どもの脳への働きかけを知った私は、家ではとにかく絵本を読んであげた。毎日毎日子どもが要求するたびに読んだ。たとえ、それが夕飯の支度で忙しくても。

立って歩けるようになった1歳過ぎからは、壁にあいうえお50音のポスターを貼り、押さえた位置の発音が間違いなくでき、逆に私が発音した場所を間違いなく差すことができた時点で、その文字のところに赤丸をつけていった。根気強く、さりとてままで遊びのように飽きる前にやめ、また翌日にすることをルールと課していたので、全部覚えてしまうのに8カ月かかった。

2歳になると、自分で絵本を引っ張り出しては音読するようになっていて、いつしか本が積み上げられている真ん中に陣取るほど本好きに育っていった。

　ある日のこと、絵本を3冊持たせて待合室に座らせていた。診察が終わって廊下に出た時に、B子は一心不乱に絵本を音読していた。たまたま、B子の背のほうが西側だったので、そこからブロックガラスに光が乱反射してB子を鮮やかに浮かび上がらせていた。暗い廊下側から見ると、それは幻想的な姿に映り、涙が出そうになった。一瞬、足を止め、その様子を見ていた。

『……これは神の子に違いない。こんな子を私が育てていいものなのだろうか……』

　本気でそう思った。いわゆるだいたいの親が一度は我が子は天才だと思い違いをする気持ちを存分に味わった。しかし、その当時は大いなる思い違いをするということさえ知らなかったわけで、とにかくこの光景に無神論者の私でさえ神の畏敬《いけい》を感じたのだった。

「できんぼ」母、娘の才能を開花させる

B子が1歳半頃のある日、幼児教室のお友だちから一本のビデオを見せられた。彼女は神奈川県川崎市から郷里の徳島へ帰ってきたのだ。

それには、バイオリンを持った50人の未就学程度の幼児が、難しいバッハの『ドッペルコンチェルト（二つのバイオリンのための協奏曲ニ短調）』をすばらしい音で一斉に弾きこなしているビデオだった。

その一本の8ミリフィルムはアメリカに渡り、日本で大変なことが起こっていると教育者が続々と長野県に見学に来たという。都会の子ではない、長野県の山間《やまあい》の田舎の子どもたちで、親は楽譜も読めない程度らしいと聞いた。

ビデオのナレーションで鈴木鎮一先生は言う。

「この高い能力を有する子どもたちは、普通のどこにでもいる子どもたちである。た

また私がバイオリンの先生だから、音楽で証明しただけで、音楽でも、勉強でもみんな同じだ。天才とは生まれつきではない。どうせ私の子だから……と期待もされず、捨ておくのはやめてほしい。どの子も同じ。才能は生まれつきではなく、育てるものである」

その言葉に私は強い衝撃を受けた。私が何十年も疑問に思っていた答えがここにあった。クラスで成績1位の子はピアノもできて、無線もできる。なんでもこなせるのは、なぜなのだろう……その答えがここにあるではないか！

それからは、借りたビデオが擦り切れるくらい何度も再生し、その度に涙が溢《あふ》れ出た。これが才能教育スズキ・メソードとの出会いだった。

都会では当たり前のようにあった鈴木鎮一先生の才能教育（スズキ・メソード）は、平成の世（１９８９年〜）になっても徳島には教室がなかった。四国で唯一ない県だった。教室どころか存在さえ知られていなかった。そのため、地元の人は誰も才能教育について知らないし、そもそもバイオリンを習っている子を見たことさえなかった。もちろん、バイオリンに小さなサイズがあることさえ知らなかった。

戦後すぐに長野県松本市の商工会議所の方々は、「長野県松本市をウイーンのような音楽の町にしたい。松本市のあちこちから音楽が聞こえるような町に」という、壮大な復興の夢を描いた。

松本市商工会議所の夢に白刃の矢が立ったのが、静岡県の鈴木鎮一氏である。しかし彼は大人には興味がなく、子どもたちにバイオリンを教えたいということだった。ある日、鈴木氏はこう考えたという。

都会の子に教えても、都会の子だからバイオリンが弾けるのだろうと思われるかもしれない。しかし、山で囲まれた長野県の田舎の子どもたちが難しい曲をいい音で弾きこなしていたらどうだろう。そんなことができるのだろうかと悩んだ時に、『あっ、日本中の子どもが日本語をしゃべっている！』と。

そう思った時に、飛び上がって驚いたそうだ。

大阪ではあの難しいイントネーションの大阪弁を、小学校に上がる時にはもう立派にしゃべっている、という事実に気が付いたという。どんな親の子も4～5歳にもなれば、立派に大阪弁をしゃべっているし、東北の子は立派な東北弁をしゃべっている。その法則を見つけ出し、「母国語教育法」という方法を編み出してバイオリンで試してみたのだった。

字も読めない赤ちゃんは、お母さんの毎日繰り返す音を聞いて、やがて同じ言葉を発するようになる。1年近くかかって、やっと「ウマウマ」「マンマ」と言い始めてから徐々に長くなり、やがて「マンマ、いる」、そしていつしか「お腹が空いた。お母さん、ご飯がいる」と立派な言葉になっていくのだ。

この過程に教科書はない。ひたすらお母さんの言葉を毎日聞いて、お母さんとのカタコト言葉のやり取りが始まって、赤ちゃんが「マンマ」と言えばお母さんは嬉しそうな表情で「マンマいる？　おいしいね」と同じように声を懸ける。その繰り返しなのだ。新しい言葉を入れたとしても、最初の「マンマいる？」をやめるわけではない。

これが母国語教育法というものである。その母国語の習得法に気が付いた鈴木先生は、たまたまバイオリンの先生であったためにバイオリンで証明しようと思われた。やがて才能教育「スズキ・メソード」と改名して始めたのが１９４６年のことだった。

この方法により、楽譜さえ読めない親や音痴の親の子どもさえ、小学校に上がる頃にはもう立派に大人顔負けのバイオリン曲が弾けるようになっていくのだった。

私もピアノを少し習ったが、スズキ・メソードは、あのつまらないバイエルのような教則本は使わない。毎日「ドレドレド」と弾いていた頃、なんてつまらないのだろう、早くやめたいと思ったものだった。

スズキ・メソードは、すぐにみんなの知っている曲から練習を始める。『きらきら星』から始まり、『ちょうちょ』、次は『こぎつね』と楽しく進み、一巻の終わりには、なんとゴセックの『ガボット』が弾けるようになる。

こうしてスズキ・メソードを知った私は、鈴木鎮一氏の著書『愛に生きる』を読み、ソニーの創業者、井深大氏の著書『幼稚園では遅すぎる』をボロボロになるまで読んでいった。

『あーそうだったのか、これが才能の育て方だったのだ』

その一言に尽きる。

私の子だから、どうせできなくて当たり前ではなかったのだ。どんな子も無限の可能性があった。

彼の著書にはこのようにも書かれている。

「忍者の高跳びの練習に『麻を植えて毎日飛ぶ練習をする』というのがあります。麻を植えて毎日水をやっても芽はなかなか出てきません。本当に種を植えたのかどうかも疑わしくなるほどむなしい気持ちで毎日水をやります。ここで、水やりをやめたらもう芽は出てこないでしょう。しかし見えない地中では少しずつ根が張り、芽が地上に延びても倒れないように、また成長する時に必要な水分を十分供給できるように、準備がなされていたのです。その準備が終えたらやがて芽が出ます。麻は成長が早く数か月するとまっすぐに3メートルにもなります。芽が出た時から、毎日毎日その上をジャンプします。昨日ジャンプできた高さだから今日はやめとこうとすると、その高さのジャンプ力が十分付いていないのに少しだけ高くなった麻を飛びます。まだ余力は十分あります。なので明日はさぼりましょう。そうしているうちに必ず飛べない高さに麻が育ってしまい、それからはいくら頑張ってみても飛び越えることができません。それは馬鹿にするような低い高さでのジャンプが容易にできるからと思って怠っていると、高くなった時に鍛えるべき基礎のジャンプの筋肉が十分に育っていなかったという証拠なのです」

スズキ・メソードの「母国語教育法」も同じだ。

毎日毎日飽きもせずお母さんはなんにも言わない我が子に向かって、お乳をやる時や離乳食の時、「マンマ」「マンマ」と声をかける。「マンマ」が言えたから、もう「マンマ」は言うのを止めようとは思わない。「マンマ」「マンマいる？　おいしい、おいしい」と新しい言葉を付け加えながら子育てをしている。そうしていくと「ゥーンマー」と上手じゃなかった喃語《なんご》の「マンマ」も毎日言っているうちに上手に発音できるようになっていく。

スズキ・メソードでは最初の曲『きらきら星』が弾けるようになって、次の『ちょうちょ』を練習し始めても、やっぱり『きらきら星』から弾くのだ。難しい曲が弾けるようになっても『きらきら星』『ちょうちょ』『こぎつね』……と弾くので、だんだん練習時間は長くなっていく。これらの最初の曲はますます、なんでもなく上手に空で弾ける能力に育つ。

私はかつて「ドレドレド」が弾けるので、もう「ドレドレド」の練習をやめて、次の「ドレミファソファミレド」をつまらないと思いながら練習したものだった。そうやって前に弾けるようになった曲の練習は一切しないで、次々に進んでいった。いつまで経っても曲にならないつまらない練習ばかりだったが、やがて、次の練習曲が急に難しいと感じるようになり、なかなか弾けなくなる。十分に能力が育っていなかった証拠だった。

ピアノの習い事は、もともと私がしたかったわけではなく親に薦められて嫌々始めたものだった。先生には叱られるし、曲は面白くもないし、できないし……やめたい、やめようとなってしまう。

これは私自身だけではなく、すべてのお稽古事はこんな感じで長続きせずに子どもたちはやめていってしまう。それを親は「うちの子には音楽の才能がなかったのだ」と諦め、しまいに「なにをやらせても続かないダメな子、将来が不安だわ」とダメな子レッテルを貼ってしまう。そうして最後は「どうせ私の子だから、できないで当たり前」という諦めになってしまうのではないだろうか。私の母もやめてしまった私にきっと落胆したことだろう。

こんな例もある。

公文教室に行くとジグソーパズルを2ピースから始める。2ピースができるようになると4ピース、それができるようになれば6ピースとどんどん進んでいく。ジグソーパズルは色彩判別能力、記憶能力、集中力、図形認識能力などを養える知育玩具としてある。B子もお友だちも3歳半で公文教室に通い始めた時、線引きのプリント10枚があっという間に終わるので、ジグソーパズルを始めた。週ごとにすぐにできるようになるので、どんどんピースを増やして与えてやった。しかし30ピースくらいになってくると、だんだん飽きるのか鈍《にぶ》くなり、途中で放置して絵本のところに行ったりするようになるので、仕方なく親が後片付けの係になる。

私もジグソーパズルは得意ではない。親も面倒になって、ジグソーパズルを出してさえやらなくなった。B子もジグソーパズルをすると言い出さないので、それきりになってしまった。お友だちのお母さまも同じことをおっしゃっていた。そうして「なんだか、うちの子には合わなかったみたいね……」と井戸端会議をしたことがある。

ところがB子のお友だちの2歳の弟さんは、同じようにジグソーパズルを2ピースから始めて、その子が3歳になった時、すでに40ピース程度を、しかも裏側にしていてもかなりのスピードでやり終えてしまうような能力に育っていた。

これには公文の先生も大変驚いた。そこでどう育てたのかをお母さまに聞いてみた。お姉ちゃんの時は、できるピースは片付けて新しいピースを出してやっていたのだが、下の子の時は、忙しくて2ピースも4ピースも片付けないで、散らかしっぱなしの状態だった。ところが16ピースができても、やっぱり毎日2ピースから始めて4ピース、6ピースとやっていくという。

「もう2ピースなんていらないでしょ？」と聞いても、するというのだ。さっさとできるのが嬉しいのか、ずっと毎日飽きもせず2ピースから始める。そうしているうちに、かなりの数のピースを裏返った状態でも難なく仕上げているのを発見して驚いたとのことだった。

これこそ、才能教育法スズキ・メソードや忍者の高跳び習得術と同じだったのである。そこに気付き、お互いに上の子どもの時は育て損ねたと残念がった覚えがある。スズキ・メソードを知っていたのに、他のことになると応用できなかった私に落ち度があったのである。

時々、うちの子はなにもしたがらないのだが、いったいどうしたらいいか？　という親からの質問がくる。そんなものだ。なので親がさせたいものをさせればいいのだ。うちの子はなにをさせても長続きをしないが、どうしたらいいか？　そういう親にも以下の答えを用意している。

最も大切な能力の法則がある。

スズキメソードに「準・教・育・育」という言葉がある。「準」というのは教材を準備することではない。子どもの意欲が高まるまでじっと待つ。そして心の準備をして教えて育て育てるという意味だ。

前述した通り私は、あまりやりたいと思わないうちに親にピアノを習わされた。親はピアノを習えば、おとなしくじっとしていられる子になるだろうと思ったらしい。

しかし、1年程度でやめてしまった。

スズキ・メソードの教室では、まずは親子で合同レッスン（先生と生徒が一斉に集まって同じ曲を弾く）を見学する。その際、親は自分の子どもを放っておいて、小さなバイオリンを先生から借り、合同レッスンの輪に入って、楽しくバイオリンを弾く真似をする。

子どもは自分と同じくらいの小さな子が、聞き覚えのある『きらきら星』を立派に弾いている中で、身体の大きなお母さんにはふさわしくない小さなバイオリンを持って弾こうとする姿を見る。２歳だったB子は、お母さんにはバイオリンが小さ過ぎて合ってないが、自分ならちょうどいいはずと思うだろう。

この光景を見ていると、２歳の子でも「私もやりたい」とわんわん言うようになる。親はしめしめと思いながらも、その日は連れて帰る。帰る道すがら「あの小さな子、上手に弾いていたね」というと、「私だってできる、やりたいよう」とずっと言う。そうしたら、「また来週見に行こう」と約束してまた同じようにする。このように「習いたい」と言われても、すぐにその言葉に乗らずに、ちょっとじらすのがポイントだ。

今度は先生がB子のところへ寄ってきて、箱で作ったバイオリンのおもちゃを持たせてくれる。B子はみんなに混じって同じような仕草で、弓のような棒を上げたり下げたりすると、一斉に『きらきら星』を弾いているので、もう、いっぱしに自分も弾けているように感じる。先生からは「上手だったね、またみんなと遊びに来てね」と言われる。なんならお菓子をくれたりもする。それでもうB子は有頂天。帰り道で「やりたい。やりたいようお母ちゃん」と半泣きになりながら駄々をこね始める。

そうしたら初めて言う。「途中で嫌になったからやめるとは言わないよね。最後までやると約束できるならしてもいい」と。そこでB子とは、約束するからと言って指切りをする。そうして親子の契約は成立する。

やりたいことだったので、嬉々として練習をするだろう。もちろん週1回は先生が教えるが、あとの6日は先生の代わりに親が教えなければならないので、幼い頃は親がついてのレッスンだ。子どもは親が一緒にいてくれるから、一生懸命にやる。

公文教室も同じ流れだ。2～3歳では線引きから始まる。これは手が疲れないように筆圧の筋肉を鍛えるのだ。子どもより親が先に子どもの前でイチゴからイチゴ、スイカからスイカに線を引いて先生に持って行き、はなまるをもらって先生に褒められて大喜びをしてみる。子どもは絶対に自分もしたいと言い出す。そんなことを数回繰り返してから、本当に行くかどうかを決めればいい。そんな演技を親がするのは正直いってちょっと恥ずかしいが、最初が一番肝心だ。

ところが、やっているうちにB子は飽きてきて、「やめたい」と言い出した。その時に初めて「最後までやめないからバイオリンをさせてほしいって約束げんまん、ママとしたわよね」と聞くと、３歳の子でもうんうんと頷《うなず》いて納得してまた続けようとする。

このようにB子のやめたい危機は乗り越えていった。ただ、こうした演技のテクニックが使えるのは、小学校1年生頃までだけれど。

「うちの子はなにもしたいとは言い出さない」とおっしゃる親がいるが、幼い頃は親がさせたいものをさせればいい。このような演技力を使わないと、「やりたい」とはなかなか言わないのが当たり前。メジャーリーガーのイチロー選手や大谷翔平選手も親がさせたいものを親が目的を持ってさせただけで、環境にないものを自らしたいと幼児期に言ったりはしないのだ。

ただ、それには、させた、させられたという感覚を持たさないことが大切なのである。したがって前述した「演技」によって、自らが進んで「やりたい」と言い出すまで待つことが、これから長い人生を渡っていく子どもに非常に役に立つものになっていく。幼い時から自ら決め、決めたことに責任を持つ。そういう性格構築に役立つのである。

バイオリニストになった途端に箔をつけなくちゃいけないが如く、生まれつき好きでやり始めたとか天才だったとかいうから世間の親は、「やっぱりうちとは違うのだなあ」と諦めてしまう。

ひとつ、お話をしておく。子どももまんまとひっかかった私の演技力によって、バイオリン、ピアノ、公文、水泳などいろいろ自ら進んで、2〜3歳からやり始めた。

B子は2歳でバイオリンを持って、たった3カ月で『きらきら星』が弾けるようになったが、同じ時期に入ったF子ちゃんは約1年もかかった。「やりたいと言い出すまで根気強く待つ」ことをしなかったお母さまの子だった。F子ちゃんの母親はB子に負けていることが悔しいと競争心があったのか、挙句の果てにもう一人バイオリンの家庭教師を雇って練習を始めた。

それでもB子の習得スピードが速いので、かなりイライラしていたようだった。しかし2年ほど経つと徐々に追いつき、やがてずっと追い越していった。B子は毎日30分程度しか練習をしなかったのに比べ、F子ちゃんは1日8時間もさせられていた。幼稚園にも行くのに、それでは子どもはいつ寝るのかと聞くと、「幼稚園バスの中で寝なさいと言ってます」と、凄絶なことを言っていた。

B子には音楽による感情表現をうまく教えたので、8歳になると、先生から「東京でいい先生を紹介しますからレッスンを受けてみませんか」と言われるほどになった。しかし、プロの道に進ませるお金もなければ、そんな気もなかったので、丁重にお断りをした。たった毎日30分程度の練習しかしていないのに、とてももったいない話ではあった。

かたや、まだ4～5歳程度で、とんでもなく練習時間を強要されていたF子ちゃんはやがて、なにがしかのコンクールに出て何位だかの成績をもってプロの道を歩んでいる。

「うちの子は天才で、最初からバイオリンが好きだった」とお母さまは公でおっしゃっていた。スズキ・メソードのような大衆教育を受けていたということが恥ずかしいのか、そのことは隠して、コンクールに有利な立派な先生が師範についたことだけを肩書にしている。

決してF子ちゃんが天才だったと言うことではない。親がバイオリニストにしようと思ったから、その子はやがてバイオリニストになっていくのだ。

結局は親が目的を持って子どもと毎日寄り添って、楽しくさせたかどうかに尽きるのである。子どもが育つ時間に、親がどれだけ子どもに関わったかの時間が差となっていくのだ。

東京大学理科三類に4人の子どもを合格させた佐藤ママも、子どもに関わった時間は私たち普通の親の比ではない。なかなか大変なことだが、佐藤ママの子どもたちもみんな同じ人間が持つ能力を持って生まれてきたのだということだ。

ただ、東大理科三類に入れたから、その後のその子の人生が幸せいっぱいのいい人生になるか、中卒だからといって、その後の人生が幸せではないかといわれると、それはまた別問題である。

しかし、現在に至った人生をとにかく良しとしてB子に教えた。だから、受験に失敗したとしても、それはまた別の道が用意されているもので、人生の分岐点で妥協したり、妥協しなかったり、どちらもかけがえのない人生の一幕であって、どちらを選んでも間違いではないと、老い先短くなるとそれがよくわかる。だから必要以上に羨ましく思う必要も卑下する必要もないと、B子に教えた。

あれだけ楽しそうにやっていた公文教室のプリントも、4歳頃になるとB子は嫌気がさしてきたのか進んでやろうとはしなくなっていった。そんな時は子どものプリントを10枚もらって、「お母さんとどっちが早いかな、よーいドン」と競争をする。この手を使うと3分かかっていたプリントも1分で仕上げられるようになる。

競争ごっこも一時期のスランプに合わせてやらないと、調子に乗って同じ手ではいずれそれも飽きが来てしまう。仕方なく、今度はおはじき作戦。大きな紙に筋を引き、おはじきをして、入った場所に書いたもの（算数1枚、国語1枚、英語プリント1枚、高い高い1回、飛行機ブーン1回、ジャンプ3回とか適当に体遊びを入れてやる）をするという遊びを考案したら、喜んでやり始めた。

それも飽きたら、なにをしただろう……、サイコロ作戦だ。サイコロを振って目の数でおはじき作戦と同じように規定をつくる。あとは、クジ引き作戦も考案した。そんな遊びをしながら、気が散るスランプ時期を乗り越えていった。

小学校3年生くらいになると、やっと自分と他者の区別がつくようになる。その時初めて、自分は他者よりこれが優《すぐ》れているということに気が付き、自己意識になる。そうなると親が全面的に見なくても、自ら練習し始めるようになる。

決して天才は生まれつきの天才ではないということを知ってほしい。親がオリンピック選手にしたかったからそう育っただけだし、バイオリニストに育てようと思ったからバイオリニストになり、プロ野球選手に育てようと思ったからプロ野球選手に育ったなのだ。なにもうらやましいことはなく、当たり前のことなのだ。

あなた方のお子さまも、幼い時から多方面にわたり開花する才能は持っているのである。しかし、彼らのようにならなかったのは、親がそう思わなかっただけ。B子がバイオリンの才能があると先生に言われながらプロにならなかったのは、私が音楽のプロにさせる気はなく、趣味になればいいし、将来多方面での友だちができれば人生の楽しみの幅が広がるだろうし、辛《つら》い時、苦しい時に音楽が助けてくれることだってあるだろうと、全人教育のつもりでさせていただけだから、そのように育ったのである。

才能教育スズキ・メソードにも欠点はある。それはB子が大学オーケストラに入って初めてわかった。幼い時から曲を耳で覚えていた（性能のよい耳コピ）ので、どんな交響曲でも一度聞いたらおよそすぐにバイオリンで弾けるようになる。他の楽団員は驚く。なぜならば楽譜から勉強した楽団員は楽譜を読まなければ、いくら曲を聞いても曲にならない。

しかし、才能教育で育った子は楽譜の勉強もあとになってするが、耳で覚えるほうが早いので、結局楽譜を読んでいるようで、読んでいないのだ。先生が最初に弾く楽譜音を、すぐに耳で把握してしまうからだ。

しかし、大学オーケストラの時は楽譜が中心となる。指揮者が第何小節目からやり直しと言われてもよくわからなかったそうだ。楽譜を見ないと困る状況になって、初めて本気で読む訓練がなされる。

大学オーケストラは才能教育で育った人のように幼い時からではなく、高校になって初めてバイオリンを持った人もたくさんいる。なのに、年1回の定期演奏会ではみなさん立派に演奏されている。

才能教育で育った子はすぐに弾けるようになるが、高校のクラブで初めてバイオリンを持った人は、1年をまるまるかけてやっとなんとか弾けるようになる。大学から始めた人もいるが、実際はうまくビブラートができなかったり、和音が弾けないのでどっちか一音だけ弾いたりしていたらしいが、みんなで一斉に弾くので、一般の人にはまったくわからないものだ。そのため、そういう人たちは自分がうまく弾けていると勘違いをして酔いしれるので、できない人ほどクラブ活動に熱心だったりする。

才能教育で育つ子の先生は、幼い時からクライスラーだったりパールマンだったりと、世界で一流の人の音源と同じ音で弾けるようにをモットーとしているので、まともに音が出ない小さなバイオリンのうちからきれいな音色を出すことができる。ところが途中から楽器を持ってクラブで練習していた程度の学生は、オーケストラに混じるとそれなりに聞けても、ソロで弾かせると非常に耳障りであったりするらしい。

B子の大学時代は管弦倶楽部と弓道部と勉強とデートをこなしていた。ところが、高校や大学からバイオリンを持った者は、定期演奏会に向けて、必死なのだ。幼い頃からしてきているものに比べ、その才能が育っていない張りぼて状態で難しい曲に立ち向かうのだから、勉強なんてやっている暇がない。なので、クラブ活動にやっきになると、大学の進級テストに落ちるため、大学側も頭を抱えていたりする。

かたや、スズキ・メソードで育ったB子は朝飯前なので、練習よりデートや勉強となり、部活はさぼりがちになるために、部員といい関係が保てないことになったりもする。

B子の最後の大舞台はなんと医師国家試験を半年後に控えた時だった。大学の定期演奏会ではなく、世界を代表する小林研一郎（コバケン）指揮の「コバケンとその仲間たちオーケストラ」に出演依頼が来たのだ。

このオーケストラは障がい者（目が見えないとか知能的に問題がある人など）でプロの音楽家になった人たちを含めての前代未聞のオーケストラ編成だった。その時の曲目は、開幕演奏がヴェルディーの歌劇『アイーダ』より凱旋行進曲、サラサーテの『チゴイネルワイゼン』、小林研一郎パッサカリアより『夏祭り』、シベリウス交響詩『フィンランディア』、モーツァルト『ピアノ協奏曲23番』より第2楽章、モーツァルト『レクイエム』より「ディエス・イレー」「ラクリモーサ」、チャイコフスキーの序曲『1812年』だった。それぞれ音源がパソコンで送られてきて、それを個人練習する。

そういうやり方は才能教育で育ったB子は非常に得意なのだ。しかしやはり身内が観客のほとんどのような大学演奏会とは違い、福岡アクロスという3000人収容の大舞台で一流の指揮者に一流の音楽人と共に演奏するのだから、卒業試験も国家試験の勉強もそっちのけで練習をしたようだった。

それでも医師国家試験は全国約1万人の受験者数の8位で合格した。普通はこんな離れ業はできないが、やはり幼児教育で育てた差がここに出たのだ。

第6章

「できんぼ」母、西洋音楽文化を体感する

日本では、音楽がそこそこできる（人前で上手に演奏する能力がある）というのは、何の値打ちにもならないほど評価してくれないものだ。

しかし、ヨーロッパでは違う。それはスズキ・メソード主催で夏の音楽祭出演のツアー旅行に親子で参加して初めて、「音楽ができる価値」がわかった。

オーストリアはバート・ホーフガシュタインという、モーツァルトがアルプス越えをして音楽の旅をしていた道の途中にある小さな山間のホテルに、参加者全員25名ほどで宿泊した時のこと。

この地方でアジア人が来たのは初めてのことだったそうだ。避暑に来ているヨーロッパの人たちは私たちを見るなり、声を潜《ひそ》めて冷ややかに見ている雰囲気を感じさせた。そこは小さなホテルだったが、五つ星ホテルだ。なのに、部屋で窓を開けてバイ

オリンを弾いてもまったく問題がない。日本では音出しを許してくれるホテルは貸し切りでない限りないに等しいのに、ここでは問題にならないのだ。しかも朝早くから練習を始めている子もいて、綺麗なモーツァルトの曲が窓越しに小さく聞こえてくる。

朝食が始まって、みんなでぞろぞろとモーニングビュッフェのある食堂に入ると、冷ややかだった他のお客さんの目は、一斉に穏やかで尊重のまなざしに変わっていたのだった。しかも、よくいらっしゃったと言わんがばかりににっこりと私たちの姿を見て、頭を少し下げてくれたりもする。前日との差に驚くばかりだった。5歳くらいから高校生の子どもたちだけど、立派な音楽団一行だとわかったのだ。

私は西洋で音楽ができるということは、人格肯定にまで繋《つな》がるほど価値のあることだったのだと気が付いた。

バート・ホーフガシュタインには800席の音楽ホールがある。そこで避暑に来ている人たちを飽きさせないように、朝な夕なに毎日演奏会が行われているようである。

スズキ・メソードの引率の先生から、保護者に「『ビッテ（どうぞ）』と言って、通りにいる人たちにチラシを配ってほしい」と開演1時間前くらいにチラシを渡された。

それにはさすがにびっくりした。日本では1時間前にチラシなんて配っても誰も来てくれない。ガラガラの中で演奏させられるのかと思うとかわいそうになりながらも仕方なく、沿道で「ビッテ」「ビッテ」と渡していった。

さて、開演30分前を切った。数人しか来ない。やっぱり……と思い、私たち保護者は後ろの席に陣取った。開演10分前になった。保護者同士で「最悪だね」と言い合いながら落胆していたら、次から次へと入ってきて数分の間に満席になり、保護者も全員、席を譲って立つことになった。それでもまだ入ってきて多くの立ち見客が出た。さすがにもうドアが閉まらないほどになってしまったので、まだ多くの外の人を残し、ドアを閉めて演奏が始まった。

スズキ・メソードで練習した子どもたちは、5歳の幼児であれ、小さなバイオリンで非常に高度な曲をしかも綺麗な音で弾くことができる。B子は中学1年生だったので、先輩たちの部類だった。バッハの『二つのバイオリンのための協奏曲』、俗にいう『ドッペルコンチェルト』やモーツァルトの『ロンド』などを20人程度で演奏した。その後、少しずつ演奏曲は優しくなり、5歳が数人並んだ時には会場中が割れんばかりの拍手の渦《うず》に包まれた。彼らは先輩たちと一緒にボッケリーニの『メニエット』などに続き、最後は『かすみか雲か』だ。その演奏が始まると、お客さんが全員ドイツ語で歌い始めた。日本の歌だと思っていたらドイツ民謡だった。ここはオーストリアの避暑地だが、ドイツ、イタリアとの国境にある場所なので、オーストリア人もイタリア人もドイツ人もスイス人もフランス人も来ている。

そうして演奏が終わると、いつまでも拍手が鳴りやまないので、あと数曲披露させていただいた記憶がある。お客さまと演奏者が一体になれたとはこのことかと、保護者も感涙しながら、毎日毎日練習に付き合った日々を走馬灯のように思い起こしながら、道半ばであれ、その集大成の様子を垣間見たのだから感無量というものだった。オリンピックで活躍している人の親も、こんな気持ちなのかと理解した。

オーストリアの農業中心の小さな町の公民館で演奏もした。昼休み時になると、スピーカーを載せた車が町内を走り、夜から子どもたちの演奏があるということを知らせてくれた。そこも満席だった。その公民館には農作業を終えて食事も済ませてきた人たちが集まった。そこでもやんややんやの大喝采となり、公演後に、今度は私たちの歌声を聞いてもらいたいと、田舎の音楽サークルの人たちがその場で歌い始めた。とても澄んだ声で『エーデルワイス』やチロルの歌を素敵に数曲歌ってくれた。

翌日の新聞には、東洋日本から夏の音楽祭に子どもたちが来て演奏している、とカラーで大きく載っていた。

この時の体験はあまりに日本とは違い過ぎて、カルチャーショックだった。日本でも西洋音楽は盛んでオーケストラは数えきれないくらいある。しかし、その文化は聞く人のみの文化であって、もっと身近な生活に溶け込んだ文化ではないのだ。それに比べて西洋は、文化という仰々しいものではなく、生活の一部に近い感覚のように思えた。

ハンガリーのブダペストでは鎖橋近くのオーブダ地区にあるキリスト教ドームで、ヨーロッパでスズキ・メソードを学んでいる西洋のお友だち（初対面ですが）と一緒に演奏する企画になっていた。スズキ・メソードは世界中どこでも同じ曲を学んでいるので、一緒にすぐに演奏することが可能なのだ。

出演まで子どもたちは、地下室の薄暗い小部屋で待っていた。日本人の誰かがバッハの『ドッペルコンチェルト』を練習し始めたら、それまでなんとなく距離があった西洋の子どもたちも第一バイオリンと第二バイオリンに分かれて、自然と一緒に演奏し始めた。その時、薄暗い部屋に窓から一条の光がまっすぐに差し込み、地下室の小さな埃《ほこり》を反射してきらきらと輝かせながら、B子を含むその子どもたちを奇跡的に照らしたのだ。自然と涙がこぼれて、引率の先生に「私が先生と共に一生懸命子育てをしたのは、決してプロになってもらいたかったわけではない。このような（音楽で国境を越えて一緒に遊んでいる）姿を見たかったのだと思いました」と伝えた。先生も涙ぐみながら「お母さま、よく言っていただけました」と一言だけおっしゃった。

実はこの場面を経験したからこそ、後《のち》に拙著『アヴェ・マリアのヴァイオリン』が生まれることになったのだ。『アヴェ・マリアのヴァイオリン』の作品中のチェリストだったクラウス氏が、板東俘虜収容所で音楽がある意義を実体験するが、その根底にはこうした原風景があったのだ。

この頃、日本の子どもたちの間では部屋に閉じこもって戦争ゲームや格闘ゲームをするのが流行っていた。それと比較してここにいる子どもたちは、こうして音楽で世界の人たちと言葉の壁も越えて、一瞬にしてお友だちになれることを体験した。なんて美しい青春の一ページを踏ませてやれたのだろう。きっと神さまはこうした姿を褒め讃えてくださり、一条の光で彼らを照らしたのだろう。

スズキ・メソードをしていたお友だちで、こんな話がある。

その子はやがて高校からだったかアメリカに留学するのだが、英語が不十分なためになじめずにいたところ、なにかをきっかけに得意のバイオリンを弾いた。するとびっくりして周りに同級生が集まってやんややんやと褒めてくれたのだそうだ。それからというもの、たくさんの友だちができて日本では得られなかったほど、生き生きと伸びやかに学生生活を送り、その子は今でも世界を相手に他国で仕事をするほどの活躍をしている。音楽をさせてもらえてよかったと心から親に感謝したのだそうだ。

別のお友だちは、車のディーラーをしながら、地元のイベントの時にはジャズバイオリンの演奏者になった。みんな素晴らしい大人に成長していた。

◆第7章　「できんぼ」母が学ぶ〜3歳までの幼少教育

日本のテスト勉強は記憶力勝負である。それは私の子ども時代から現在に至っても変わらない。勉強方法に躓《つまず》いた私の幼少期を省《かえり》みて、我が子のB子には幼児教育の段階から記憶力を鍛えることにした。

印象に残っているのは、有名な小説や中学3年レベルの英語で書かれた短い文章を覚える方法だ。七田式教室には、夏目漱石の『草枕』の冒頭や、『平家物語』の冒頭の一節である「祇園精舎の鐘の声〜」、清少納言の『枕草子』冒頭など10種類ほどあり、それを空暗記できるまで毎日のように唱《とな》えさせられる。それをしばらくの間続けて長期記憶のインプットを試みる。しかし、もう暗記できたはずとやめてしまうと、すっかり忘れてしまう。人間の記憶力のはかなさに、肩の力が抜けるようだった。

しかし、幼少期の記憶力なんて、そんなもの。B子も学校に行くようになると、ちゃんと記憶力は養われていた。B子は社会科のテストの範囲を3回ほど読んだだけで、一字一句覚えてしまう能力を身につけていた。そのため、社会科のテストはいつも満点だった。

国語も英語も、短い物語を2〜3個でいいから空暗記できるまで読み込ませると、どんなに長文になっても、初見で読みこなせる能力が育つ。

特に英語はSRS（スピードリーディングシステム）という方法を試した。英語圏の人は英語の文章を読む際に、文章の単語の並び順をそのまま読んでいき、その文章の意味を理解する。それと同じように、句読点がない英文でどこを切れ目として読み、そのまま頭に入れていくかを習得するための教材があるが、それも並行してやっていった。

日本の英語教育では、英語の文法の並びを返り読みをさせて、きれいな日本語にして意味を取っていく勉強しかしない。しかし、この方法では決められた時間での長文読解が難しくなり、英語の聞き取りもできなくなる。これが日本人の英語嫌いを助長させる要因となっている。

おそらく、返り読みをさせないで、英語文は英語の順番のまま理解できるような、この方式を使うべきなのではないだろうか。

さて、公文式にせよ、スズキ・メソードにせよ、その他の幼児教育にせよ、そういった習い事はだいたい週に1回通うシステムだろう。つまり、先生は週に1回幼児や児童に教えていることになる。しかし、それは幼児や児童にだけ教えているのではない。実際は、幼児、児童を通じて、残りの6日間のやり方を親に伝授しているのだ。実は先生のやり方を週1回学んでいるのは親なのだ。だから、幼児、児童の習い事ではできるだけ親はついていき、子どもの横に座って、親も〝学ぶ〟ことが必要なのである。

そのことの裏付けになったのが、子育ても終わりかけた時に読んだ本、『ファインマンさんは超天才』で、そこに答えがあった。

リチャード・フィリップス・ファインマン博士（1918年～1988年）はアメリカの理論物理学者で、量子電磁力学の研究によって1965年にノーベル物理学賞を受賞した。

彼は知能指数は125以下だったというから、生まれ持っての知能が優《すぐ》れていたわけではなかったが、父親（制服販売業）は彼を科学者に育てたかったそうだ。

ある日、幼いリチャードはおもちゃの木のトラックの荷台に丸い積み木を乗せて、トラックの前についている紐を持って思い切り走ったら、丸い積み木は荷台からすぐに落ちてしまった。リチャードは再度拾い集めて、またトラックの荷台に乗せて、今度はそっと引っ張ると、荷台からは丸い積み木が転げ落ちなかった。その様子をたまたま見ていた父親は、リチャードに言った。

「なぜゆっくりと引っ張ると、荷台には積み木が乗ったままなのに、速く引っ張ると荷台から転げ落ちたのだろうね？」

そう言って、何回か同じことを繰り返させた。結果はどれも同じで、速く引っ張ると荷台から積み木は転がり落ち、そっと引っ張ると積み木は荷台に乗ったままだった。

幼い子どもでも、それを感覚として体得する能力はある。しかし「言葉」として与えられて、初めて気が付くものだ。それは私たち大人でもそうだ。自然現象をそういうものだと思って「言葉」に置き換えていないから、その不思議に気が付かずに暮らしていることが、なんて多いことか！

　ニュートンの木から落ちるリンゴも、自分のほうに近づいてくる消防車の警音と通り過ぎた時の警音との音が違うことも、すべては「言葉」にしないがゆえに、なんとなくそんなもんだと感覚で通り過ごしてきた。

「なぜ、速く引っ張ると積み木は転がり落ちるのだろうね」

　父親はまたリチャードに問いかけた。リチャードはもちろんわからずに、困った顔をして立っている。

「それはね、『慣性の法則』といって、ものはそこにとどまろうとする性質があるのだよ」

　そう言って、日本でお馴染みの、積み木の途中を崩れないように素早く小槌で叩く『だるま落とし』という遊びをリチャードと始めた。

「ほらね。これも同じだよ。慣性の法則が働くから速く小槌で叩けば上の積み木はそこにとどまろうとしてまっすぐに落ちて来るんだ。面白いね。なんだって、不思議なことはそれなりの法則や理由があるんだよ。だから、まずは不思議に思うことが大切

だよ」

それからというものの、リチャードはいろいろなことに興味を覚えては父に報告したり、それについて教えてもらったり、自分で調べる方法を教えてもらったりしながら成長した。そして大人になった頃には、物理学では天才中の天才（超天才）と呼ばれるほどになっていた。

リチャードはもともといろいろなことに興味があったわけでもなく、積み木と木のトラックのおもちゃのことも、およそ私たちも経験してきた遊びのひとコマだったにすぎない。ただ、父親がその遊びに加わって面白がってくれたことや、気付きを与えて動機付けをさせたことから、天才になっていくのだった。

さらにリチャードの父親は、おそらく目の前のテストの点数などは気にもとめない子育てをしたのだと思われる。大人になってもファインマン博士は物事を考えるにあたって、それが自分にとって面白いかどうかであり、遊び心こそ大切だという人だったそうだ。

幼い子に慣性の法則という言葉を用いてもわかるはずはない。しかしリチャードの父親は、きちんと現象を言葉で教えていたため、その後、町中で慣性の法則を見つけては父に「あ、慣性の法則だね」と伝えたという。そんなリチャードに父親は「よくわかったね！　リチャードは天才だ！」と頭を撫でたのだそうだ。

親として興味を誘導する、興味を作ってやるということが非常に大切なんだと気付かされるエピソードである。

「夕焼け空は真っ赤っか」と歌っても、子ども自ら「なぜ夕焼けは赤いの？　なぜ、晴れるとお空は青いの？」なんて聞く子はほとんどいない。親が「どうしてなのだろう……、帰って一緒に調べてみようか」と誘導して、興味津々に振る舞わないと、そのことについて興味すらわかないのが通常。だから、「なぜかな？」といった子ども向けの本は、どちらかというと、先に親が読んである程度理解し、子どもの関心を誘導する材料にしておく必要がある。

B子には私立小学校受験のための塾に1年間通わせたが、常に私も伴い、親子一緒で通わさせてもらった。その時に学んだことは、親がどのように子どもに教えるかということだ。

例えば、桜の花びらの観察で、桜の花は梅と違って花の先が割れているということさえ気が付かないし、子どもにもいちいち教えたりしないだろう。それを、さも親が興味を持っているふりをして、子どもに桜の花を見せるのだ。

桜の木の1年の変化とか、カブトムシの幼虫を育ててみるとか、季節の歌を歌うとか、さまざまな場面で子どもとの向き合い方を教えられる。

砂場で遊ぶことも学びの場となる。砂場で徹底的に砂まみれになりながら、いろいろなことを知ったり身に付けたりするからだ。例えば、砂山にトンネルを掘ろうとしたら、まず砂山を固めなくてはならない。試行錯誤でギュッギュと平手で砂を押すとか、水で湿らせてみるとか、いろいろなことを試してみようとするだろう。作業をお友だちと分け合いながらするかもしれない。

子どもは夢中になって遊んでいる。自然といろいろな体験をし、やがてそれが将来、ファインマンさんのように粒子間の問題でなにかひらめく素地になっているのかもしれないし、または人とうまくやっていくための素地になっていくのかもしれない。

小学校受験のための塾では、生活においてのさまざまな言い方なども習う。例えば、ドーナッツ店に行って、一番上の段の左から何番目のドーナッツとか、その右斜め上のドーナッツとか、親子連れで子どもが言っている場面に出くわすと、子どもは塾に通っているのだなと思う。

お皿にイチゴが2個乗っている。同じように3枚のお皿にイチゴを盛るとしたら、イチゴは何個いるかという問題も、小学校受験の塾でさせられる。B子は公文式の教室で掛け算まで学んでいたため、当然2（個）×3（皿）＝6（個）とすぐに答えがわかると思いきや、これが不思議とわからなかった。2×3＝6を知っていても、その概念がわかっていなかったのだ。受験塾では黒板に絵を描いて教える。確かイチゴが2個乗っているお皿が3枚という公文プリントもあったはずだが。やはり絵では概念がピンと来てないのか？　結局、その概念が子ども心に「腑に落ちる」ようになるには、やはり小学校の算数の時間にみんなで勉強して初めて「わかった」というまで、時間を待たなければならなかった。

このように、小学校入学前から進んだ勉強をしているからといって、学校での勉強にすべて対応できるかというとそうではない。「計算ができる」と「計算を理解する」のでは違うからだ。例えば、3歳の時に1＋1＝2という概念を私はおはじきを使って教えたのだが、それでもピンと来てないようだった。1＋1＝2と、まるでお経の「南無阿弥陀仏」のように意味もわからずに、単純に覚えているだけなのだ。数の概念とは大人が思っている以上に子どもには難しい。

B子の高校時代の先輩の話をしよう。彼は小学3年生の時に早稲田大学の数学入試問題で70点を取り、高校時代はほぼ受験勉強もせずに東大理科一類に合格したという、いわゆる天才だった。その子の母親に幼少期の育て方を聞いたところ、親は不思議な話をしてくれた。

ある日、公園で乳母車に乗せて散歩をしていると、とある脳科学博士がやってきて、「この子を天才にさせませんか？　私の言う通りにしてください」と言うのだそうだ。その博士から教わった方法が、離乳食が終わったぐらいの赤ちゃんに、毎日、毎日、卵ぼうろやイチゴなどのおやつを3個ずつ、必ず「さん」と言って食べさせること。今日も3個、明日も3個、ずっと同じものを3個出す。そしてある日、その数を2個に減らすと、まだろくに喋《しゃべ》ることもできないのに、「あーあー」と声に出していつもより数が少ないことを訴えようとするのだという。

数を理解するからといって、決しておはじきではダメ。赤ちゃんにとって、食べ物はすなわち命に直結するので、食べ物でしなくてはならないのだそうだ。

このようにして、彼は、数が多い、少ないという概念を体得したという。

この話を聞いて、私はいたく感銘を受けた。

彼女からはそのほか、大切な字は赤で書いてやると、目をつむった時に赤はしばらく残像として残る、楽しい遊びの一環として親子で一緒に調べる、自分で辞書を引いて調べさせるなどの幼少時の教育を教えてもらった。そうすることで塾に行かなくても、親が勉強しなさいと言わなくても、子どもは勝手に学ぶようになるという。

本人にとっては、すべてが面白い遊びなのである。

受験するとかしないとか関係なく、小学校受験の塾はさまざまな子育ての仕方を知る親のために、有意義な塾だった。前述したように、塾は子どもが先生の話を聞いて教わるというよりも、親が先生から教わって、日々の生活で親が子どもに実践するためにあるのだと考える。そのため、帰宅後に、先生に教えてもらったことを、親が楽しんで子どもとしていくと、その後もきっといろいろなことに興味を持つ子に育つだろう。

ファインマン博士は言う。

「遊んでばかりで勉強しないと嘆《なげ》く親が多いが、子どもが遊ぶのは将来、社会で生きていくために必要なプロセス。徹底的に遊ぶことを決めた時、その人は人類史に足跡を残す偉業を成し遂げる可能性がある」

とはいえ、ファインマン博士のいう「遊び」は、やはりその基礎に賢い父親が遊びのように彼と関わって、いろいろな自然現象を教え、学びを遊びのひとつに変えたということを忘れてはならない。面倒くさがらずにちょっとした子どもへの教育の施し方、子どもへの関心がのちのちに大きく花開く素養となってくるのだろう。

◆第8章

「できんぼ」母、学校教育に物申す

子どもが4歳くらいまで育つと、学んだことが目に見える形で発揮されるようになる。例えば、バイオリンの演奏において、簡単な『きらきら星』でさえ弾きかねていた3歳児でも、1日たった30分の練習を繰り返すことで、4歳半ばぐらいにはドヴォルザークの『ユーモレスク』やバッハの『ブーレ』を普通に弾けるようになる。ちょうど能力曲線のカーブ領域に入り、能力が育ち始めているところだ。

公文式教室では、2桁の足し算や引き算はできるようになっている。

さらに、2年経った6歳頃になれば、バイオリンはなにがしかの協奏曲が弾けるようになっており、ピアノでもソナタや、リストの『ラ・カンパネラ』の優しいバージョンくらいなら弾けるようになっているだろう。

もちろん、ピアノだけを1日何時間もさせるような英才教育ならば、たとえ6歳でも大人のオーケストラに混じって弾けるほどの能力に育つ可能性も否定できない。ロシアの天才キッズ・ピアニストであるエリセイ君も、もともと天才というのではなく、それだけやれば、誰でもエリセイ君のようになれるということだ。

要するにB子のように幼児期で、ほぼ音大生になるための入試課題曲は弾ける程度に育つのだ。

B子は、幼稚園でビクトル・ユーゴーの『レ・ミゼラブル（ああ無情）』を読み終わり、小学1年生の時にアランやヒルティの『幸福論』を読んでいた。

幼児のうちにすでに常用漢字はすべて終了し、読書力も大人並みに育っていた。もちろんこれはB子の特別な能力ではなく、幼児教育や公文式、スズキ・メソードをしていたおかげであり、誰でも同じように育つだろう。

小学1年生の際に、確か絵本の『ぐりとぐら』の読書感想文の宿題があり、2歳の頃に娘一人で読んでいた『ぐりとぐら』を、改めて読むことになり、通常よりもずいぶん進んだ教育に脅威すら感じてしまった。子どもの能力曲線がグングン右肩上がりに曲線を描き出していることを実感したものだった。4歳でこのように能力曲線が上がり始める最初に到達したことを考えると、前述のソニーの創業者の一人、井深大さんの著書『幼稚園では遅すぎる』に合致するだろう。

小学1年生の終盤には、東京大学の入試読解問題を解くほどになっていた。ところが、そんな能力も小学校生活においては弊害にもなっていた。

実際の小学1年生の同級生は生身の人と人とのふれあいや交流は好奇心旺盛から意味もなく単純に面白がることに夢中になりがちなので、友情とは何かを概念的に知っているB子は、友だち付き合いに心を砕いていたようだった。能力は高くても、まだしょせんは小学1年生で、人に気を使ったりするのも、自分の気持ちにストップをかけるのもストレスになっていた。「昨日の敵は今日の友」のように、ころころと移ろう季節の如くの友だち関係に、かなり悩んでいた。そのたびに、

「みんなはまだ心が育ってないので、お友だちという定義ができてないのだから、育つまで、あと数年は我慢してあげてね」

と励ましたものだった。

B子はお受験を経《へ》て、私立の小学校へ通っていた。学区などの問題はあるものの、今や日本全国において、公立や私立など行きたい小学校を選ぶことができる。しかし、学校は選べても、担任の先生を選ぶことはできない。

B子の小学1年生の時の担任の先生は年配の女性だった。ある日、国語の授業の作文で、「犬」という漢字を書いたところ、先生から大きな声で、「香川さん、大きいという漢字は教えましたが、犬という漢字はまだ教えていません」と叱るような口調で注意をされたという。それと同時に、クラスのみんなからは「悪いんだ、悪いんだ」の大合唱。それ以来、B子勉強することは悪いこととらえ、3年生になるまで頑《かたく》なに勉強をしなくなった。

その先生はよい先生という定評だったが、低学年の面倒をよく見る先生と、学習意欲を作る先生とは違うことを痛感した。

3年生になると、児童の学習意欲や能力差が明確になってくるのか、担任の先生の素質なのかわからないが、新たな担任は開口一番、「勉強を先に進んでやっている人は、遠慮しないでどんどん先に進んでください」とおっしゃってくれた。

しかし、幼児教育でやっと進み始めた能力曲線が、1年生から2年生を受け持った担任の先生のひとことで、ふいになってしまったのは事実である。先生の言うことを素直に聞く、かわいい盛りの1年生だからよけいだ。

みんなで勉強する楽しさを知る1年生のはずだった。先生はとにかく褒めてくだされればよかったのだ。そうしたら、他の生徒も勉強しなさいと言われなくても勉強をする児童になる大切な時だったのに。

このようなことは、未だに小学校で平然と行われているということを、先日知った。そのクラスは小学5年生だったそうだが、コロナ禍によって自習が多くなった時のこと。自宅で行っていた問題集を学校に持ってきて、先生に質問したところ、「そこはまだ教えてないので、してはいけません」と言われたそうだ。親は抗議に行ったそうだが、やはり子どもとしてやりずらくなり、それ以来、その問題集を持って行かなくなったのだそうだ。

5年生ともなれば、中には私立中学校に向けて特別な勉強を開始している子もいるはずだ。本当に罪な言葉だと思う。

B子は算数では3桁の掛け算や割り算を6歳頃にできるようになったが、もっと進度が速い子は、方程式を解いていた。

英語は幼児のうちに大人の英検3級は取れていた。英文で公文教材の『タイタニック号の悲劇』とか、ドーデの『最後の授業』を読んでいた。この程度の英文を暗記するまで読み込ませると、初見でどんな英文でもスラスラと読めるようになる。もちろん、おだてたり喜んであげたりしながら、これらの短編文を暗記させるのだ。それを公文の先生の前で披露すると褒められるので、何日もかかって一生懸命覚えていったものだ。

公文では、幼児のうちに「読み聞かせ1万回、2歳児で一人読みができるように」をスローガンにしていた。

1万回は無理かと思うかもしれないが、そうでもない。朝昼夕の食事が身体を作るのと同じように、脳の栄養を送る読み聞かせを朝昼夕と10回ずつ行えば、1日30回、月に900回、1年で1万800回という単純計算になり、幼児のうちに1万回を軽く越す。

そんな時間はないという人もいるかもしれないが、絵本の読み聞かせ10回は、15分もあれば終わる。

読み聞かせでやってはいけないことは、「あとで」と「もういい加減にして」という言葉と、早く読み聞かせを終わらせて、食事の準備や洗濯物を干したい一心で、さささっと早口で味気なく読んでしまうことだ。

食事を「あとで」と言われたら辛《つら》いし、味気ないご飯をささっと食べさせられて、お皿を黙々と下げられたらどんな気持ちがするだろうか。それと同じことなのだ。

膝の上に座わらせて、感情豊かに読んであげること。それが慈愛のある子に育つ素地を作る大切な時間なのだ。面白いところは、その場でも「もう一回（読んでもらいたい）」とねだる。おそらく、子どもにとって読み聞かせの時間は愛されていると思う至福の時なのだろう。それはお母さまにとっても、もう二度と帰ってこない至福の時間なのだ。

我が家の場合、ひらがなの学習は、「あ」から「ん」までが書かれたポスターを部屋に貼って、親が発音したひらがなを指差しできたら〇、親が「これはなあに？」と指差し、その発音ができたら〇と、二重丸になるまで繰り返した。

ヨチヨチ歩きができる頃から始めて、1歳8カ月ですべてのひらがなの発音ができるようになった。

娘が2歳半の頃、私が絵本の『ぶんぶくちゃがま』の読み聞かせをした時に、「〜ました」であるところを、「〜ます」と誤って読んでしまうと、即座に「ました」と言い直したのだ。また違う場面でも、読み間違えたら即座に正しく読み直すので、読めるようになったのかと、とても驚いた。

絵本の絵についても、このページとあのページとを指して、「いっしょ」というのだ。親はそんなこととまったく気が付かない。

私が何度か間違えたのが気に入らなかったのか、それから一人読みが始まった。ひとりで音読するのだ。なのでもう親の手がかからない子どもになった。

その後は呼んでも返事がないほどの本の虫になってしまった。姿が見えない時は大概、居間の絨毯の上で四方本が山積みなっている場所の真ん中を覗き込むと、ぶつぶつと絵本の音読をしている。挙句の果てには、ご飯の時も、道を歩く時もいつの間にか本を持っていて、二宮金次郎のように本を読み歩くようになってしまった。私は仕方なく、食事時の読書禁止令、歩行時の読書禁止令を出さなくてはならなくなった。

これは私の経験から学んだことだが、幼児に与える本はハードカバーの大きくて立派なものではなく、ソフトカバーで15センチ角の小さめのサイズのもののほうがよい。書店の入り口付近のくるくる回るスチール製の簡易な棚に置いてある、『日本昔話シリーズ』とか『世界名作少年少女シリーズ』など。大きさや重さが、2〜3歳の小さな手にちょうどよく、ソフトカバーなので開きやすい。絵本を何度も開くため、すぐに傷《いた》むが、安価な絵本は安心して好きなように渡しておくことができる。

幼児に高価な服を着せて汚したら怒るより、年中洗っても惜しくない服を着せておくのと同じことなのだ。

こうしてB子は2歳の時にひらがなをすでに読めるようになり、ひとりで絵本を音読できるようになっていた。

3歳3カ月で公文教室に通い始めたが、その初日、先生から「いぬがくる」と文字が書かれたプリントを読むように言われた。私は当然、簡単に読めると思っていた。しかし、一文字一文字読むのが精一杯の様子だった。

その時に初めてわかった。B子は絵本の文字を読んでいたのではなく、絵本の絵の部分に合致する言葉を丸暗記していただけだったのだ。もし公文教室に行かなかったら、この事実に気がつかなかっただろう。公文で読むプリントを始めてからは、素地ができていたので、すぐにすらすらと読めるようになっていった。

私たちがお世話になった徳島の田宮公文教室は、八木美智子先生を中心に助手の先生2～3人、生徒数100人を抱えるマンモス教室だった。幼児や低学年のお子さんが多いので、親は子どもの横に一緒にいたり、隣の部屋で親同士の情報交換の井戸端会議をしていた。

その教室は、幼児のうちに方程式が解けるようになったという触れ込みが広がり、生徒がどんどん増えていった。

しかし、実際は幼児教育に非常に熱心で、とにかく愛がある。そして褒め上手のため、生徒は増えていったようだ。しかも、公文教材以外の独自のアイデアに富んだ教材にも定評があった。例えば、数字を1から1000まで書かせて、1000まで到達すると、今度は1000から逆さまに1まで書かせたり、さらに2飛び、3飛びで1000まで書かせたりしていた。

足し算や引き算の100題を何分で解けるかというゲーム感覚で行い、100題を1分30秒以内で解けるようになるとクリアとなる。そうした計算力の速さの差は、やがて中高校生になった時に歴然とした差として出てくる。計算に時間がかかりすぎて、問題が解き切れなかったということになるからだ。

八木教室には徳島県の南の果ての遠方から2時間かけてやってくる親子もいた。

体験入学の際、私はすでに学んでいたスズキ・メソード方式で、母親が率先して線引きのプリントをB子ちゃんの前で楽しそうに引き、先生から○をもらって喜んだ様子を娘に見せた。それを見て、B子もやりたくなったのか、同じように線を夢中で引き、八木先生から大袈裟に褒めてもらって、最後にお菓子の小さな詰め合わせをもらい、喜んで帰った。もちろん、「また行く」とせがまれるようになった。

ただ、私が働いていたため、なかなか時間が取れず、週2回通わないといけないところ、週1回にしてもらっていた。

私たちが通う時間には、知的障がい児クラスもあった。長椅子にお母さまも子どもに付き添って座っていたが、子どもの身体が勝手に動いてしまうのか、一生懸命にお母さまがその腕を抑えながらプリントをさせていた。線を引こうとしても腕が勝手に飛び跳ねてしまうのだ。一本の線を引くことさえ、涙ぐましい努力があった。ある知的障がいの小学生の児童は、読むのは決して上手ではなかったが、算数はおそらく1学年以上進んで学習している様子を見て非常に励まされた。この教室には親の覚悟があった。

私が幼児教育を実践した理由は、自分の幼少時に勉強の方法を教えてもらったことがなかったことが大きいが、もう一つ理由があった。それは私の体が丈夫ではなかったからである。
もし、私が早く死んで継母が来たら、子どもの勉強をちゃんと見てくれる保証がない。もしそうなっても、自ら学習する姿勢を作ってあげれば、自分で駅前の図書館に行き、そこにはいくらでも勉強をするための本はあるので、とにかく字を教えることが大切だと考えたからだった。

家が貧乏のため、塾に行けないから勉強ができないとか、学力は家庭の財力と比例するなどといわれるが、今の日本では学びを得られる場は無数にある。特に、学校の勉強がわからないなら、残ってでも先生に聞いて帰ればよい。現実に私は毎日のようにそうしていた。図書館なら必要な本を無料で貸してくれる。机だってある。冷暖房だって完備されている。勉強する気さえあれば、いくらだってやれる環境がある。

自分で必要なことを考え、自分で調べながら勉強ができる子になる素地を作ってやれるのが幼児期なのだ。そうやって、自ら勉強に取り組もうとする姿勢こそ、その子の能力を伸ばす。「自立」の素地を作ってやることが一番大事なのである。

「できんぼ」母の情操教育論

勉強が不得手だった幼少期の私も、教室に居場所はあった。それは絵画の時間だった。小学校2年生の時、「お友だちを描く」という題材で特選を取ったのだ。その絵を描いている間、生徒の間をくるくる巡回していたあのいけずな担任の先生が、私の横でしばらく見ていたかと思うと、「ちょっと貸してね」と言いつつ、私の描きかけの絵を高らかに掲げた。

「みなさん、見てください。松本さんの絵です。お友だちの髪に光が当たって白く輪になっているところが上手に描けています。素晴らしい」

叱られてばかりの私にも、みんなの前で褒められることがあり、とても誇らしかったのを思い出す。

私は白い画用紙が配られると躊躇《ちゅうちょ》なく描き始めるので、2時間のうちの約1時間で仕上げることができた。あとの1時間は適当な遊び時間になる。動物園での写生大会も他の生徒の絵を見回ったりして時間つぶしをする余裕があった。

そこでいろいろなことに気が付いた。まるで定規をあてて描いたのかと思うようにまっすぐな線が得意な子、大きな象さんを大きく描けずに、画用紙の真ん中に小さく描いている子、同じ色でべったりと塗っている子など。みんな人それぞれで面白いものだなと思ったが、一番不思議なのは、いつまで経《た》っても描き出せなくて、半べそになっている子がいたことだった。それがとても印象に残っていた。

私は人の半分の時間で、いつも「特選」、あるいは「準特選」として廊下に貼り出されていた。なぜ、早いのかというと、とにかく早く終わらせて自由な時間がほしかったからだった。それには早く描き出さなければならない。主張したい対象物はできるだけ大きく、ある場所では丁寧に描くというコツをなんとなく感覚で習得していた。大きく描くということは、あまり他の場所をごじゃごじゃ入れ込まなくてすむので楽なのだ。

色は主体となる色以外に、なにを混ぜたのかよくわからないような濁《にご》った色をちょいちょいと付け加える。パレットで混ぜ合わせた色や水入れの中の濁り水を上手く使う。というとよく聞こえるが、実際は新しい色を考案していくのが面倒くさいから。それらを適当に使って、ちょっとした塗り残しの部分を埋めていったりしたので、とにかく早かった。それは、決して描きたいものを心のままに描いたわけではなく、遊びたいがゆえの小手先仕事だった。

私は子どもができた時に、こんな子には育てたくないと思うことがあった。その筆頭は、画用紙を目の前にしていつまでも描き出せないで泣いている子だった。そのくらい私にはその子が哀《あわ》れに見えたのだった。なぜならば、出来の悪い自分がいとも簡単にできていることが、できないで泣いているのはとても不思議と思ったからだ。

とはいえ、絵は感性と技術によるところが大きく、絵の指導なんてできない。絵画教室を覗いても、幼少時は結局は自由に好きなように描かせるだけ。どうしたらいいのかと悩んでいた。

B子が3歳になった頃、幼児教育の資料を探していたら、明治図書出版の『教室ツーウェイ』という小中学生の教師向けの教育雑誌を見つけた。その裏表紙のカラー絵に釘付けになった。

向山洋一先生が新潟県の教育状況を視察に行った際、クラス全員分の絵が廊下に貼り出されていたそうだ。その貼られている絵はどれも目を奪われるほど素晴らしい。そして、絵を眺めていると、そのクラスの子が我先に「私の絵を見て」「僕のも見て」と絵を指してくるのだそうだ。

向山先生は、そんな生き生きとして自信を持たせる絵を描かせた先生はどんな人なのだろうと思い、そこで酒井臣吾先生との出会いを果たした。そうして名付けられた教育法が『酒井式描画法』だ。

私は酒井式描画法の本を購入し、貪《むさぼ》るように読んだ。それはスズキ・メソードに出会った一本のビデオと同じくらい衝撃的で涙が出る教育法だった。

ここから先は酒井式描画法のことを詳しく紹介したい。それはよりよき人生を作るためにも必要な教育法だと思うからだ。

酒井先生はじっと子どもたちの絵を描く様子を見ていた。

A型　手首だけを動かして描く。小さく描写する。画面に空白の部分が多い。

B型　手の肘まで動かして描く。画面いっぱいに描く。手の動きが早い。

C型　一見すると、手はまったく動いていないように見える。しかし、よく見ると肩から腕全体を動かしてゆっくりと描く。

子どもが絵を描く動作には、このAからCまでの3通りがあり、A型が大多数、B型は少数だが活発な子が多く、しかも日曜日に何かひどく感動的な経験を得た場合などはこの傾向が顕著になるという。さしずめ、私はこのB型だった。C型はクラスにひとりだけいたのだそうだ。

酒井先生は当初、B型の子の表現をクラス全員の模範にしたいと思ったそうだが、絵を描かせるにしたがって、B型の子は絵が雑になっていくが、C型の子は一見稚拙でたどたどしい画線だが、どれも神経が通った線であり、日を追うごとに表現の中身が豊かになってきていたのだそうだ。要するに上達していたのだ。

そうして、C型の子がどのように描いているのかを観察して編み出されたのが、「かたつむりの線」だった。

スズキ・メソードの鈴木鎮一先生が「誰もが幼児のうちに立派に日本語をしゃべっている。大阪の子はあの難しい大阪弁を立派にしゃべっている」という「母国語教育法」に辿り着いた発見と同じように、酒井先生は「かたつむりの線」という酒井式描画法の基礎に辿り着いたのだった。

私が、酒井式描画法で描かれた子どもたちの絵に、釘付けにさせられるだけの迫力を感じたのは、この「かたつむりの線」で描かれた線画の圧力にほかならなかった。

神経麻痺で手が動かず、口で描く詩画作家の星野富弘さんの絵や字に、心が奪われる人も多いが、それは線画の力強さにある。ここでいう力強いとは、太いという意味ではない。たとえ、細くても、ひとつの線に命が籠《こも》っているように見えることをいう。

それと「かたつむりの線」は同じだ。これから先、表現していくためにどこに舵《かじ》を取ろうか、立ち止まって考え、また動き出す。その子のその時の生き生きとした生命が一線に込められた、時間を封じ込めたとさえいえる線画を、酒井式の子どもたちの絵に感じたのだ。

この「かたつむりの線」の描画法は5つの基本法則を持つ。

①踏ん切る（見切り発車の法則）

完全な準備は、そうそうできるものではない。とにかくスタートしてみる。挑戦してみるのだ。そもそもイメージなんか、いくら頑張ってみても頭の中だけで深まるものではない。一本の線が描き始められなくては深まらないのだ。いくら考えてもはっきりしないなら、見切り発車をしてみようということだ。

人生だって同じこと、時は待ってくれないのだから、いつまでもぐずぐずと踏ん切らない人は時を無駄にしてしまっているのと同じ。「よし、ここらで踏ん切ろう！」と決断した時からすべては始まる。少しの勇気と少しの決断さえあれば、とにかくドラマの幕はあがるのだ。そうして、一度やり始めたら振り返らない。この時に起点と終点を決めて、起点から終点に向かってゆっくりスタートを切る。

この「踏ん切る（見切り発車）」ができなかったために、いつまでも白い画用紙のまま泣いている子がいたのだと、私はこの時初めて理解した。踏ん切ることができないというのは、起点と終点を決めないから出発できないのだ。もちろん、私の場合は起点も終点も考えたことなく、見切り発車をしていたが、そんな器用なことができない子がほとんどなので、起点と終点を考えるというのは、やりやすい方法だと思う。この方法で育てたせいか、大人になったB子は私以上になんでも先を見越して行動することが早くなった。

②集中する（かたつむりの法則）

起点から終点に向かってゆっくりと見定めながら進んでいく。かたつむりのようにゆっくりゆっくりと根を詰めて。次のイメージを深めつつ、神経のついていくスピードでペンを進める。彩色も同じ。しっかりと集中してそのものの質感を思い浮かべながら、彩色していく。

③よしとする（後悔禁止の法則）

この線は失敗した、描き直したいと思っても、今までしてきたことを「よしとする」振り返らない。

④それを活かす（プラス転換の法則）

やったことがたとえ今、失敗のように思ってもそれをどうにか活かしてやる。むしろ最後にそれでよかったと思うことが多い。それは迷い苦しみ、その中でそれを使って軌道を変える、その過程は見る者の心をガツンととらえるものになるのだ。なんにもないツルツルの人生より、いろいろな失敗を重ねながら、それからヒントを得て、やがて成功した人の話のほうがずっと深いのだ。

⑤水平、垂直をできるだけ避ける（概念崩し）

ともすれば、描きやすいほうへと、描いてしまいがちだ。すなわち、もし窓ガラスを水平垂直に描かなければどうなるのだろう。魚眼レンズで観たような描き方だって、遠近法で捉えられた描き方だってある。もちろん水平垂直だとしてもかたつむりの線ではなかなかまっすぐには引けないが、概念を崩されたら脳がフル回転し始める。それで、どのようにも描けるということを習得することができる。

なかなか、これだけの説明ではわからないだろうから、興味のある方は、酒井式描画法の本を買って研究してほしい。

私は酒井式描画法を知って、この教育法は素晴らしいと確信したのだが、酒井臣吾先生は当時、新潟県内の小学校の校長先生をしていた。私は四国の徳島だから、あまりに遠すぎてどうにもなりそうもないと思ったが、とにかく私はB子が確かにこの瞬間を生きていた証《あかし》に、酒井先生から1枚でいいから絵を直接ご指導お願いできないかと、10枚の手紙をしたためた。本を読んだだけでは指導する側の感覚がつかめなかったからだった。

当時、まったく知らない保護者から、急に10枚の手紙が届いたので怖かったと先生はおっしゃった。しかし、その熱心さが先生の心に響いたのか、手紙を送って数カ月後の夏に、家に立ち寄ってくださることになった。

たまたま愛媛県の新居浜に講演会で行くから、帰りしなに寄ってあげるとのこと。思いのたけは天に通じた。私の子ども一人ではもったいないと思い、同じ年齢の子を数人招き、酒井先生の講義を受けてもらった。

当時の子どもたちの年齢は4歳なのに、どの子も一気に2時間ばかりの絵画時間を楽しそうに無我夢中でやり終えた。誰もよそ見もせず、ブラブラ歩き出したりもせず、やり終えたのだ。そんな集中力があったのかと驚くばかりだが、集中力を維持する先生の指導能力があったからだった。

例えば、先生の話を聞いてもらいたい時には、わざと小さい声でしゃべりかける。すると、子どもたちは必死で何を言ってるのかを聞き取ろうとする。その話術に、なるほどと感嘆したものだった。

起点と終点を画用紙に決めて、できるだけ長く寄り道をしながら、かたつむりが這うようなゆっくりとした線で結ぼうというのが最初の授業だった。起点から出発して、丸を描いてみたり三角を描いてみたりしながら終点に着いた。さて、その線の上に小人でも、お家でも何でもいいから、自分が好きなものを描かせる。みんな嬉しそうにいろいろ描いては、先生に「これは、お母さん」「これは小人さんのお家」と喋《しゃべ》っているのだった。

先生は笑いながら嬉しそうに「そうかい、そうかい」と覗く。ちょっと失敗したかな、なんて気にしない。その失敗と思われる線を使って、なんでも好きなものを描いてみる、プラスの法則だ。それらを1限目に体得したのだった。

2限目は酒井先生の顔を描く授業だ。これは触れて描く、鼻から描いていくという独特なやり方だ。鼻から描かせるのは、大きな画用紙に小さな絵をどうにかしたいという意図で生まれた方法なのだ。主張はあくまで大きく。主題は何ぞや、主体はなんぞや、絵画にしろ、文章を書くにしろ、一番大事なことだ。それから、鼻というのは子どもにとってあまり印象がない部分なのだ。動かなくて表情を読み取るものではないからだ。なので、時には鼻を描き忘れる子さえいる。描いたとしても、ちょいと三角のような適当な鼻を描く。酒井先生はそれをご存じなので、あえて鼻に注目させて、鼻を丁寧に描けるように指導している。さらに、鼻を最後に描き込むと、どうしても顔がまっすぐな絵しか描けなくなる。ちょっと鼻を斜めに描くと、それに後続する眉、目、口、輪郭それぞれが鼻の向きに合わせるので、動きのある絵に仕上がる。こうしたことは、体験してみないとわからないものだ。

音楽も最初は楽譜どおりで、自分の音の表現ができるようになるには、随分先の話だ。その基礎には楽譜というものがある。ではなぜ、絵画だけ自由に好きなようにさせるのか？　描けないで泣いている子をどう指導するのか？

大概は時間切れとなり、家に持ち帰って保護者が描くことになる。それを繰り返して、いったいその子に人生の何を教えているのだろう。

大きな画用紙に毎回小さな絵しか描けないで、先生にもっと大きく描きなさいと言われる。わかっているけど、描けないのだ。描く術《すべ》を知らないからだ。そうして自信をなくしていく。大きくどうやったら描けるのかを、きちんと教えられるのが酒井式だ。シャボン玉を作っているストローを斜めになんて描けない、まさか上を向いてシャボン玉を作っているなんて描けない。だから、まっすぐに無難に描く。描き方を教えてくれると幼児でもできるようになる。手も足も出ない子に手の出し方、足の出し方を具体的に教えている。出し方は教えても、どう出すかはその子の自由だ。突き放すところ、教えるところをきっちりできるのがプロの先生だ。

ある日のこと。徳島の放美展という大人の画展に、3回ほどB子の絵を年齢を偽って出展したことがあった。なんと、最後の巡回展作品に選ばれた。恐る恐る見に行くと、B子の絵のところだけ、人だかりになっていた。見始めたら釘付けになって、動けない様子だった。かつて私が酒井式の絵を見てそうなったように。

巡回したあとは、打ち上げパーティーに呼ばれる。しかし、年齢詐称なため、一度も出席できず、「謎の作家」と呼ばれたそうだ。

また、こんなこともあった。画用紙と厚紙それぞれで、同じ「ホタルブクロ」を描かせた時のこと。それぞれに同じようにいい作品に仕上がった。

その2つの作品のうち、画用紙のほうを学校の夏休みの宿題として持って行かせた。しかし、学校に提出した夏休みの宿題の絵画は返してもらえないことをあとで知った。

せっかくB子の人生の何万分の1かの時間をかけた作品なのだから、親としては返してもらいたかった。

担任の先生に問い合わせをしたら、それらは束《たば》にして焼かれるそうだ。それからは二度と夏休みの絵画の宿題は出さなくなった。

かたや、同じシナリオで描いた厚紙の作品のほうは、イタリアの美術誌に採用された。

日本で評価を仰げる酒井式は、世界でも同じように評価が得られる。結局、人の感性に大きな違いはない。よいものはよいのが万国共通なのだ。

◆第10章

「できんぼ」母、子どもとコーチングで向き合う

私はエグゼクティブ・コーチの資格を持っている。それはコーチングの先生を教える先生の資格のことで、現在でも時々コーチングの仕方を教えることがある。

コーチングはカウンセリングとは違う。カウンセリングは精神状態が普通の状態をゼロとすると、ゼロ以下の状態の自力で立ち上がれない人を、アドバイスしながらゼロまで持って行くためのもの。一方、コーチングは、もともとひとりでもやっていける人を手助けする手法だ。

コーチングは育児に大変重要なものだ。特別な教育を施《ほどこ》さなくても、このコーチングスキルを少し知っておくと、それだけでも子どもはいい子に育つと思われる。コーチングの最も大切な概念は、すべての答と答を引き出すに至る能力は、すでにその人のうちにあるということだ。その一点を信じて導かなければならない。ここから先は、

株式会社キャリア・ブレーンの養成講座から抜粋させていただく。

コーチングスキルは傾聴《けいちょう》、承認、質問の3つある。

①傾聴

とにかくよく話を聴いてやること。子どもの気持ちを受け止めて、共感する。その時に親は親の価値観やものさしで、子どもの話に口を挟んで否定したり、親の意見を押し付けたりしないことが重要だ。口を挟んでアドバイスするのではなく、子どもの考え方や気持ちをそのまま受け止める態度で接する。同感というのではなく、「共感的理解」をしてやるのだ。例えば、おいしそうにクッキーを食べている子どもを見て、自分も隣に座って食べて「おいしいね」というのは「同感」、共感的理解というのは実際に食べてみるというのではなく、その人の様子や言葉を聞いて、心からそう思って「おいしいそうだね」ということだ。

傾聴は、例えば、どうせくだらないことを悩んでいるのだろうとか、先入観や固定概念を持たずに、自然体として子どもの話を聞いてやることだ。ただ耳を傾けて聴くだけではなく、こちらが心からちゃんと子どもの話を聴いてますよというサインを送って、子どもが話しやすい環境を作らなければならない。

このサインとは「うなずき」「あいづち」「言い換え」「繰り返し」だ。これを「積極的傾聴」という。それらをうまく組み合わせて質問をしていくことによって、子どもは自分の話を聴いてもらっていると思い、さらに話を進めて行くことができるのだ。

この時に親の価値判断で誘導的質問をしないで、子どもの立場になり、聴き、質問をするという謙虚な気持ちで向かい合っていく。

難しいことができなくても、この「傾聴」さえできれば、およそ子どもは問題なく育つ。傾聴こそが、コーチングの基本中の基本なのだ。

幼児の頃は、「お母さん、お母さん」と近寄ってくる。「なあに」と子どもの話を聴く態勢ができていたのに、児童、生徒になれば「あとにしてくれる。今忙しいのよ」と突き放している人が多い。挙句の果てに、「見たらわかるでしょ。お母さんは忙しいのっ！」と子どものほうさえ見なくなる。あとになって、「さあ、聴くわよ。なあに？　なんでも話してちょうだい」と構えられても、子どもは話したくなくなるものだ。

「どうせ、お母さんに言ったって仕方ない。どうせわかってくれない。話すだけ無駄。嫌な思いをするだけだから、もう聴いてもらわなくていい」と思い、「なんでもない」と一言で返される。

ひどい親になると「何でもないなら、いちいち話しかけないでちょうだい。忙しいんだから」と言う人もいる。自分がどんな態度を取ったかさえ気付かず、やがて、子どもが引きこもりになったり、いじめに気が付いてやれないことも。

子どもはその一言までも、大人になっても恐ろしいくらいに覚えている。自分は普通じゃない変な子だと、お母さんにさえ嫌われているのだと思うだろう。「聴いてあげようとしたのに、うちの子は何も言おうとしません」という相談のほとんどは、普段のそうした親の傾聴態度に問題があって、特に子どもから親への信頼感が崩れてしまって、修復できない状態にあることが多い。

いつもきちんと傾聴してやることさえできていたら、おそらくこのような不幸は未然に防ぐことができたかもしれない。

料理の最中で忙しいこともある。そんな時はとりあえず、手を止めて、ともかく話を少しでも聴いてあげること。深刻な話でかなり時間が必要なようなら、「そうしたら、食事が終わったら、必ず続きを聴くから、お話してね」といってあげたらいいのだ。

さて、より上手く傾聴するには、うなずいてあげたり、あいづちを打ってあげたり、優しいまなざしでアイコンタクトを取る。しゃべろうとしている子どものほうではなく、そっぽを向いて他の仕事をしながら黙って聞いているような態度は傾聴ではない。必ず子どもの視線の高さに合わせて、アイコンタクトを取り、うなずいたり、あいづちを打ったりしてあげると、ちゃんと聴いていてくれているという安心感につながる。

あいづちの仕方もコツがある。機械的で心がないあいづちは避けるべきだ。何を話しても「はい」「はい」「はい」の繰り返しでは、適当に思われていると感じてしまう。心のこもったあいづちは、「なるほど」「本当?」「すごいな」「それいいね」「面白いね」など。その反対として、使わないほうがいいあいづちとは子どもの話を否定するようなことで、「そんなのおかしいわよ」「変だよ」「何考えてるの」「ばっかじゃな

い」などはやめてほしい。

また確認の意味で、子どもの言葉を繰り返すことも効果的な方法だ。「繰り返し」とは子どものしゃべっている内容が伝わっているというサインとなる。「繰り返し」とは、「オウム返し」にすることで、「主語＋目的語」すべてを繰り返す。「主語」だけでも「目的語」だけでもダメ。例えば、子どもがあなたに「Aちゃんが私のことを無視するの」と話したとする。その確認として「Aちゃんがね」だけでは、Aちゃんがどうしたのか、子どもはちゃんと伝わったのか確認できないでいる。「無視するんだね」だけでも、誰が無視するのか、ちゃんと伝わったのか子どもは確認できない。なので、「Aちゃんがあなたのことを無視するのね」と「オウム返し」に言うことが大切。

その応用編としては、感情的な言葉に対して、言葉を言い換えてはならないというルールがある。それはニュアンスが違ってくるからだ。

◯「辛い」——「辛いのね」

×「楽しい」——「面白いのね」

親は同じ意味だと思っていても、子どもには違和感を感じることがある。自分と他人は違うわけで、言葉の意味合いも違って当然なのだ。

最後に、できれば要約してあげよう。それは子どものしゃべっていることの意味が伝わっているというサインだからだ。それによって親自身の理解が正しいかどうか、確認できる。

例えば、「A子ちゃんは○○××ってことが言いたかったことなのね?」「いや違う、お母さん。○○△ってことなのよ」という返事が返ってくることがある。それに対して決して議論しないように。「ああ、そうか。○○△なのね」でいいのだ。「○○△って、そんなことないでしょう。さっきA子ちゃんは○○××って言ってたじゃないの。しっかりしなさいよ」と反論してはいけない。子どもが新しく言っている方向に、コーチングしていけばいいだけのことだ。

しかし、出来事は要約できるが、決して感情がある表現に言い換えはしないでほしい。例えば、仕事のことで悩んでいると言っている部下に対して、言い換えで「要するに転職したいってことか」と言ってしまうとする。すると、(そうか、仕事で悩んでいる私のような者は、普通は転職を考えるのか）と思って、転職など考えてもいなかった部下が、転職を考えるようになるというコーチのミスリードとなる。

成績のことで悩んでいる受験生に対して、「要するに、受験校を変更したいってことか」と言い換えてしまうと、（そうか、成績で悩んでいる僕のようなものは普通は受験校の変更を考えるのか）となってしまうだろう。

感情の表現において「言い換え（要約）」は不可能である。感情の表現は「繰り返し（オウム返し）」を使うことだ。

次に「うながし」技術だ。「うながし」とは、子どものしゃべっていることが伝わっているので、次に進みましょうというサインだ。「うながし」は「あいづち」と組み合わせて使うことが多い。例えば、「なるほど（あいづち）」「それから？（うながし）」のように使う。子どもの話が止まった時に積極的にうながしてみよう。

また、「沈黙」に対しては、待つことが一番正しい。「沈黙」とは子どもが答を探している行為だ。子どもが自分の心の深い部分を必死になって探している行為と考えてよい。必死になって探っている人には、話しかけて手助けをしたくなるものだが、それは手助けではなく、邪魔をしている行為だと認識する。自分で結論を出して這い上がってくる時間を待つことだ。

このように傾聴スキル（うなずき、あいづち、アイコンタクト、繰り返し、言い換え、要約、うながし、沈黙）を駆使して、話を聴いてあげる。話の腰を折ったり、聴き手のほうから積極的に話を進めないように。

例えば、ハワイがいいと言っている人に、「ハワイもいいけど、沖縄だっていいよ」とか、話し手がどんな辛い目に合っているかをしゃべっている時に、「そんなのたいして辛い話でもないよ。僕のほうがもっとつらい経験をしている」など決して言わないようにすることが肝心だ。

②承認

コーチングスキルにおいての「承認」とは、子どもの行動、考え、発言を認めて支持をするということである。平たく言えば、「褒める」ことだ。「承認」とは結果だけでなく、成長度合いを認められることによって、子どもは自らの考え・行動に自信を持ち、自発的に成長していくことができるのだ。

しかし、むやみやたらに褒めて、おだてればいいというわけではない。

コーチングの「褒める」とは、単なる結果を褒めるのではなく、子どもの存在を認めたうえで、その成長や変化を褒めるということである。時に私たち親が陥りやすいのは、例えば発表会や運動会などで、親が人目を気にして、子どもができなかったことをなじることだ。子どもにやる気を出してもらいたいと思っているのに、傾聴姿勢も承認姿勢もできず、なじるだけでは、子どもはもうやりたくなくなる。人前に出て何かをするにも、自信がなくなってしまう子になるかもしれない。

しかも、自分は親の世間体の道具にされていると思い始め、後々に修復ができない親子の亀裂に発展していくこともある。親が一番しやすいミスだが、見逃せないミスになる。

こうして子どもとの会話を積み重ねると、やがて独立して困難にぶつかった時に、考え方の基礎ができて自分で解決ができるような子に成長していく。

このような親の働きかけによって、子どもは自分の内面を見つめる訓練ができていく。その訓練ができていなければ、例えば、大きな悲しみがあれば、同時に「死にたい」という極端な言葉に支配されてしまったりする。思考が停止してしまって、なぜ死にたいと思うのかを考えていく余裕がなくなってしまう。本をたくさん読んで育った子や、コーチングスキルがうまい親に育てられた子は、自分の心で追体験しているうちに、自然と前頭葉が育っていて、いろいろな感情をある程度理解し、コントロールができるようになっている。

例えば、読書感想文や学校の授業で、「なぜ、彼はそう思ったのでしょうか？」「あなたなら、この場合、どうしますか？　どう考えますか？」といったことを考える機会を与えられる。その時に初めて、混沌とした感情を「考える」という「思考」に落とし込む作業をしていく勉強になっている。なので、単純に多読すれば身につくものではない。ただ、これが授業やテストの点数に留まることではなく、先生はちゃんと、普段から感情を思考に落とし込むことの大切さを教えてあげて、その方法を授業しているのだということを教えなくてはならない。先生は、国語の勉強がなぜ将来において必要であるのかを、児童生徒に納得がいくように教える能力がないのだろう。子どもたちはそれが一番知りたいのだ。それさえわかれば読書感想文も真剣に取り組むだろうし、国語の授業だってもう少し楽しくなったことだろう。

家庭内でも親がことあるごとに叱りつけるのではなく、コーチングスキルでもって話を引き出す努力をしなければならない。そうした日常のことで、考える子どもに成長していく。

ＳＮＳの時代となって、よいことも悪いことも公ではないところで共有しやすくなった。それにより、親や先生の知らないところで「いじめ」が横行することになる。短く汚い言葉でひとりをののしり、仲間と共有することによって、自分がイライラしているはけ口にしていることが多いようだが、それとて、自分がもし、そういうことを言われたらどんなに嫌な気分になるだろうか、自分はなぜイライラしているのだろうか、という思考や想像に持っていけば自己内で処理し、炎上やネットいじめはなくなるだろう。そうしたことも、国語という言葉の教育の一環を、うまく活用していくことで防ぐことができると思われる。

大人になって、思うようにいかないと嘆くコ・メディカルスタッフの話を聞いてやりながら、彼女らはそれを回避するための知識や考え方を学ぶための本を探し出すのが非常に下手、ということに気が付いたことがあった。

悩みがあれば、本屋さんに行ってみる。そうすれば、不思議とその答えになりそうな本との出会いがある。おそらくみんな同じようなことを思って生きている人がたくさんいる。そういう人の本からヒントは見つかるのだ。

ところが、日常的に文字を読まない人もいるらしい。その場合、本からいろいろな事象を導き出すということができない。もちろんよい本を紹介しても読まない。読めないのだ。

SNSの短い文は読めても、文章になると読んで理解することができなくなる。自分をなにかの方法で助けられないのは残念なことだ。なので読解力の鍛錬は必要だ。読解能力は将来悩み事が出来た時に自らを助けることができる。そういうことを具体的に子どもたちに教えてあげてもらいたい。そうすれば、先生がうるさく言わなくても、本を読む子に育つだろう。

③質問

コーチングでは「すべての答は（相手）子どもの中にある」ということを基本にしているが、多くの場合「答は自分の中にある」ということを気付いていていない。指示命令のコミュニケーションに慣れている子どもに対して、子ども自身が本来持っている答をいかに引き出すか、そのためにどのような質問をするかが重要となる。親の質問に子どもが答える過程で、子どもが自ら考え気付き、ひいては行動に移るようにコーチングを行い支えてあげたい。

「質問」スキル

ア　オープンクエスチョンとクローズドクエスチョン

「はい」「いいえ」で答えることができる質問が「クローズドクエスチョン」で、「はい」「いいえ」で答えられずに答えを考えてから答える質問が「オープンクエスチョン」という。

例えば、
クローズドクエスチョン
「朝食は食べましたか？」
「はい」「いいえ」

オープンクエスチョン
「朝食はなにを食べましたか」
「ええと。いつもはパン食ですが、今日はご飯とみそ汁でした」

イ　未来質問と過去質問

子どもがテストで50点を取ってきた。その時、あなたならどう言うか。

「どうして50点なんか取ったの？」（過去質問）

「よしこちゃんは何点ぐらい取りたかったの？」（未来質問）

「どうしたらもっといい点数が取れると思う？」（未来質問）

例文のように、過去に起こったことに注目してその事柄を聞く質問を過去質問といい、未来の目標達成に向けてコーチとして支援していくことを目的にした質問を未来質問という。

ウ　肯定質問と否定質問

子どもが虫取りに出かけて、一匹も取れずに帰ってきた。
その時、あなたは何て声をかける?

「どうして一匹も取れないの?」(否定質問)
「何があれば、ちょうちょが取れると思う?」(肯定質問)

このように、オープンクエスチョン、未来質問、肯定質問が、子どもの持つ力を引き出し、心の奥に隠れているものを引き出させる質問になる。
Why(なぜ)と質問しないことが大切。What(なにが~?)と質問しよう。

さて、実例として示してみよう。

B子はバイオリンの発表会に向けてよく練習をしていたが、当日上手に弾くことができなかった。独奏を終えたB子と私の会話である。

B子「トリルのところ、失敗しちゃった」

私「そうね。あとはとても上手だったのに残念だったわね」（共感）

B子「一生懸命練習したのになぁ」

私「母さんは、B子が頑張っているのをよく知っているわ。父さんも褒めていたわよ」（Iメッセージ・Weメッセージ）

B子「うん……　練習のときはできたんだけどなぁ……。緊張して指が思うように動かなかったんだよね」

私「なるほど（あいづち）、緊張して指が動かなくなっちゃったんだね（繰り返し）」

B子「本番では緊張するって、わかってたのに……」

私「じゃあ緊張しても失敗しないようにするためには、どうしたらいいと思う？（未来質問）」

B子「……」

私「……」（沈黙、B子自身が答えを見つけようとしている時間を見守る）

B子「確かに練習のときもあのトリルのところは詰まりやすくって……でも、まあ弾けてるからいいやって軽く思ってたの。だから、トリルだけ抜き出して、もっとしっかり何でもなくなるように部分練習をしてみようと思う」
私「なるほど（あいづち）いい考えだと思うわ。モーツァルトはトリルが多いしね。それで？（うながし）」
B子「今日の曲、トリルがうまくなったら、また聞いてね」

こうした会話のように、私はほぼ傾聴と肯定質問だけで、B子は自分の弱点を見つめ直し、どのように克服するべきかを自分で考え、答えを導き出すことができた。
沈黙のところでは、もちろん親は、できなかった場所を集中的に練習すればいいことくらいは、わかっているので答えをすぐに、教えてやりたくなる。しかし、それをあえて言わずに子ども自らが、答えを出すまで待ってやることは大切。いつも困ったときは親が答えを持っていて、親の言うとおりにすればよいと思うようになると、指示待ち族になってしまうか、いつも親にさせられたと被害者的に思うようになる可能性もあるだろう。

さて、ここで「Iメッセージ」や「Weメッセージ」という単語が出てきたが、これは承認スキルの一部だ。相手を褒めるときに、「私は、あなたはよく頑張ったと思う」というように、「私は〜」のときは「Iメッセージ」といい、「私は、あなたはよく頑張ったと思う、父さんもとても喜んでいたわよ」と、あなたのしたことに対して2人以上が認めていると相手（子ども）に伝えることを「Weメッセージ」という。

今度は同じシチュエーションの会話での悪い例をあげてみる。

B子「トリルのところ、失敗しちゃった」
私「そうね。家では上手だったのに、どうしてあんなに失敗したのよ（過去質問）」
B子「どうしてって言われても。たくさん練習したんだけど」
私「練習したって結果が出なきゃ意味ないじゃないの」
B子「それはわかっているわよ」
私「しっかりしてよ。母さんはわざわざ都合をつけて観に来てあげたんだから。他のお母さんにも格好悪いわ」
B子「それなら、お母さん、もう二度と来てくれなくていい。バイオリンだって、もうやめる」
私「なに、ふてくされたことを言ってんのよ。あなたはいつもそう。調子悪くなったら、そうやって投げやりになるのよ」
B子「もういい。お母さんとしゃべりたくない」

少し極端に書いてみたが、これに近い言い方をしている親は結構いるものだ。このようなやりとりが他の場面でも何度か続くと、子どもは完全に親との心の交流を断絶してしまう。また、親は自分のことより、世間体ばかり気にして、要するに、自分のことしか考えない親なんだという気持ちを一生涯ひきずってしまう。

このようにコーチングスキルを少しでも知っていれば、やがては自分で考え、よりよい道を切り開いていける子に育つだろう。

もう一例、掲示してみよう。

母「宿題はもうできたの？」
子ども「ちょっとだけした。あとはまたテレビが終わったらするつもり」
母「そんなこと言って、テレビが終わると22時でしょ。眠たくなるわよ。テレビをやめて、今から残りをやってしまいなさい」
子ども「うるさいなぁ、わかったよ。やればいいんだろ」

こういう会話は日常よくされるだろう。しかし、たとえば、コーチングで以下のように言えばどうだろう。

母「宿題はもうできたの？」
子ども「ちょっとだけしたけど、もうテレビが始まるから、あとはテレビが終わったらするつもり」

母「なるほど。でもそうしたら、その見たいテレビが終わるのは何時になるの？」

子ども「え〜と、22時頃」

母「寝る時間だけど、大丈夫なの？」

子ども「仕方ないよ、少し寝る時間が遅れるけど、やらなきゃ」

母「そうね、仕方ないわね、でも眠たくなってしまうわね、どうしたらいい？」

子ども「う〜ん、毎週見てるテレビがあるときは、もう少し早めに宿題を始めて、終わってから見るように、今度からするよ」

母「それはいいアイデアね。じゃあ紅茶とお菓子を用意してあげるから、来週からは、帰ったらサッサとやっちゃおうか」

子ども「えっ、超ラッキー。それなら毎日でも早く宿題をすませるよ」

母「あらあら、現金なこと」

子ども「エヘヘッ」

さてどうだろう。これもうまく「未来質問」を使って子ども自らの答えを引き出している。

このように子どもの気持ちを尊重しつつ、自主性を重んじてやれるように、私はB子に接していた。

おわりに

本書で描いてきたように、私はこのような長い研究をしながら、B子と向き合い、気がついたら教育ママになっていた。ただし、教育ママは決して恥ずかしい言葉ではない。

やがて、B子は結婚し私の元から巣立っていった。その日、私がよく世話になる服屋さんや家の従業員に、

「私はこれから、故郷を離れますが、残していく父母を、どうぞよろしくお願いします」

と、挨拶をする子に育った。私の子育てはこれで終了したが、この一言が言えたことで、全人教育は成功したことを確信した。

スズキ・メソードの鈴木鎮一氏の著書『愛に生きる』の「まえがき」に、

「（略）するとそこに、いかに生きるかという、のっぴきならない問題が出てきます。

育てられなかった能力は自分で作らなければならない。悲運にめげないで、よい人生に転換しなければならない。それを諦めてしまってはいけないし、諦めることもない。そしてそれは、ひとそれぞれに可能なのです。（略）」

というくだりがあり、その一文に私は泣いた。

私はよく頑張ったと自分を褒めた。環境が与えられなかった子どもたちも、私のように絶対に諦めないでほしい。

中には「親ガチャ」の言葉通り、我が子さえも愛することができない人が親になり、子どもがさまざまな苦しみの中で捨て置かれる場合がある。身体的な苦痛、心の苦痛、尊厳無視の苦悩など、生きていくのに非常に困難を感じる子どもが多くいる。それでも生きていくことに、諦めてはいけないのだ。

最も愛されなくてはいけない時期に無償の愛を受けられなかったのは、子どものせいではない。そういう親の元に生まれてしまった「運命」だった以上のなにものでもないのだ。

だから、愛されなかったことで、自分を卑下することはない。また運命を恨んでみても仕方がないのだ。その運命をどう逆転させていくかがあなたに用意された素晴らしい大舞台なのだ。

お金持ちの家に生まれて、何不自由なく暮らし、やさしい両親に育てられ、すくすくと成長しましたとさ、なんていう人生は私ぐらいの歳になると、ちっとも羨ましくない。つまらない人生だったなとかわいそうに思う。人生の面白い舞台の脚本は自分でいくらでも書けるのだ。

育て損ねられた能力は、あとになって構築しようと思えば、相当な努力と、伸びる能力の限界がある。それでも伸びようと葛藤する中で、その人なりの特別な学びもできるのだ。それが人の多様性というものだと思う。

学校で学び知識を入れるということと、大人になって知識を実生活に生かす、実践するということは違う。実践できなければ、知識は知識だけで終わってしまう。知識が「腑に落ちる」というくらいにわからなければ、実践はできないのだ。

「わかる」ということは「情」を介することである。例えば、講演で「幸せな人になるには、ありがとうと1万回唱えなさい」と言われたとする。それは、「どんなことがあっても、小さな人の好意や自分の姿に感謝ができるように心がければ、そこが幸せの到達地点である」ということなのだが、中には、毎回メールに「ありがとうございます」と書き入れているのに幸せにはなれない、とぼやいている人がいた。

そこが講演で得た「幸せになる方法」という知識と、腑に落ちて実践する意味がわかっている人の違いだ。

たとえ、親に愛されなくても、片思いだった恋人に愛されなくても、付き合っていた人にふられてしまっても、自分を大切に愛し、人を愛することができる人にはなれる。愛されようなんて思わなくていいのだ。自分は自分を愛して、その愛を人に分け与えてあげることができれば、それは愛されることより素晴らしいことなのである。

「あなたは、そのままのあなたでいいのですよ」というのは、そういうことだ。愛されようと無理にとりつくろわなくてもいい。それよりも自分はなにが面白く感じて、何が好きなのか、それを見つけよう。それこそが、あなたが幸せに進む道だから。

どんなお子さまもいいところを見つけて褒めてあげてほしい。それが学力に結びついていけるように見守ってあげてほしい。人はみんないい方角へ、太陽の光のある方角へ伸びていく。決してその邪魔をしないでもらいたい。

さて、話の最後は直近の私に戻る。

子育ても終盤になり、スズキバイオリンも研究課程という最後の大曲の練習に差しかかった頃、ふと、私の好きなシューベルトの『アヴェ・マリア』が聴きたいと娘に要望した。ところが、最初はあっさりと拒否されてしまった。

仕方なく、B子のバイオリンをエッフェから覗いていると、いろいろなことが走馬灯のように思い出され、B子の古いバイオリンのルーツがまるで映画を観ているが如く天から降ってきた。

あくる日もあくる日も、家族が寝静まった頃になると、朝まで映像が降って来るので寝させてもらえない日々が続いた。そうして、小説『アヴェ・マリアのヴァイオリン』が誕生した。これも大切な私の子どもである。

どこの出版社を訪ね歩いても、誰も相手にしてくれなかった。仕方なく、違うタイトルで自費出版をした。自費出版本は、誰も相手にしてくれない。

有名なラジオパーソナリティーのところへ、ケーキと本を持って宣伝よろしく挨拶に行った。彼はケーキを横に置き、本は私の目の前のごみ箱に捨てた。私は心の中でドードーと涙を流しながらも、頭を下げて、本をごみ箱から拾いあげた。

しかし、そこから大逆転劇が始まる。さらに5年近い歳月が流れたある日、KADOKAWA出版社から1本の電話が。

「ダイヤモンドの原石と思いますから、ぜひわが社で磨いて、どこまでも光り輝く特別なダイヤモンドにさせてくださいますか？」

誰かのいたずらか詐欺に違いないと思ったので、本社まで確かめに行った。そうして、『アヴェ・マリアのヴァイオリン』は世に出た。ほぼ同時に、年間8万冊から選ばれる特別な1冊「第60回青少年読書感想文全国コンクール（高校の部）」の課題図書に選ばれたのである。

国語の読みも算数もろくすっぽできなかった子は、医師となり、そして小説家となったのである。

「できんぼ」と言われながら、這い上がっていった私と、私が考えて実践をした長い長い子育ての話は、これにておしまい。

香川宜子

香川宜子

徳島市生まれ。内科医師、小説家、エグゼクティブコーチ。

代表著作の「アヴェ・マリアのヴァイオリン」（KADOKAWA）は、第六〇回青少年読書感想文全国コンクール課題図書（高校の部）、全国インターナショナルスクールさくら金メダル賞受賞。また、「日本からあわストーリーが始まります」（ヒカルランド）は2023年10月にドキュメンタリー映画化。そのほか、「つるぎやまの三賢者」（ヒカルランド）、「牛飼い小僧・周助の決断」（インプレスR＆D）などがある。

「できんぼ」の大冒険
発達障がい・学習障がいの勉強スイッチ

初版第１刷　2024 年６月 30 日

著　者　　香川宜子
発行者　　小宮英行
発行所　　株式会社 徳間書店
〒141-8202
東京都品川区上大崎３丁目１番１号目黒セントラルスクエア
電話　【編集】03-5403-4344　【販売】049-293-5521
振替　00140-0-44392
印刷・製本　中央精版印刷株式会社

ISBN978-4-19-865854-0